今を生きる思想

ジョン・ロールズ

誰もが「生きづらくない社会」へ

玉手慎太郎

現代新書
100
HUNDRED

講談社現代新書
2743

はじめに　答えのない対立を乗り越えるための哲学

この本の概要

本書は、二〇世紀アメリカを代表する哲学者の一人であるジョン・ロールズの思想の入門書です。その主著『正義論』のいくつかのポイントに焦点を絞り、筆者の力のおよぶ限りわかりやすく、かつコンパクトに解説していきます。

ロールズの『正義論』は、一九七一年にアメリカで出版された政治哲学の著作です。出版から五〇年ほど経ったいま、すでに政治哲学を論じる上で欠かすことのできない一冊、いわば学術上の「古典」としての地位を確立していると言ってよいでしょう。学術研究のみならず学校教育の場でもその存在感は大きく、例えば日本の高校の「倫理」の教科書の多くに、この本と著者ロールズの名前を見つけることができます。

しかし、こうした重要な著作であるにもかかわらず（あるいは重要な著作にはよくあることかもしれませんが）、一般の人々はもちろん、政治哲学の専門家でなければ研究者のあいだでも、読まれることはほとんどない本でもあります。英語の原著で五〇〇ページ超、邦訳ではおおよそ八〇〇ページという大著であり、内容も決して易しいものではないことが、大きな足枷になっていると思われます。

そこで、この歴史的な著作のエッセンスについてできるだけわかりやすく嚙み砕き、短くまとめて日本の読者に届けようというのが、本書の目的です。

詳しくは本文の中で論じていくことになりますが、『正義論』は「正義にかなった社会のあり方はいったいどのようなものか」という問いについて、哲学的に探究したものです（ここで「哲学的に探究する」とは、問題の根本まで立ち返って一から考える、というような意味です）。そしてこの問いに対するロールズの解答は、一言でいえば、**人々の自由と平等を大切にする社会**こそがそうである、というものでした。すなわち、人々のさまざまな権利が尊重されるとともに、格差や貧困の縮減を通じて人々が対等な関係におかれるような社会こそが、正義にかなった社会なのだとロールズは述べました。

より具体的に言えば、外国人であったり特定の宗教を信仰していたりするからという理由で法的な根拠なしに逮捕されること、経済危機の中で極度の貧困に陥った人々に対する支援策が自己責任の名の下に否定されること、生まれた地域の公教育の脆弱《ぜいじゃく》さのゆえに十分な基礎教育が受けられない子どもがいることなどは、正義にかなった社会においては認められないということが、ロールズの主張から帰結します。このようなロールズの政治思想は、のちに「平等主義リベラリズム」と呼ばれ、現実の政治にも影響力を持つことになります。

政治哲学について学んだことはなくても、格差、正義、自由、平等といったテーマに関心があるという方は、決して少なくないと思います。また、広く政治や哲学について関心があるという方もいるでしょうし、他の本の中でロールズの名前に出会い、興味を抱いたという方もいるかもしれません。どんな理由からであれ、彼の思想に向き合うことでいくつもの知的な驚きと発見が得られるでしょう。多くの人に最後まで読んでもらえたならば嬉しく思います。

ロールズの重要性——現代政治哲学の起点

とはいえ、多くの人にとっては政治哲学という学問自体、馴染みのないものかもしれませんので、まずはそのところから話を始めましょう。政治哲学とはその名前の通り、政治や政策のあり方や決め方をめぐって哲学的に検討する学問です。典型的なトピックを挙げれば、民主主義の理念とはどのようなものか、人々の権利はなぜ守られるべきなのか、などといった問いを真剣に検討します。右に挙げた格差、正義、自由、平等といった概念もすべて政治哲学の重要トピックです。

こういった問題についての検討は、非常に抽象度の高いものです。ですが、だからといって現実に足がついていないわけではありません。なぜなら、どのような政治哲学上の立場を取るのかが、政策判断に深く結びつくからです。たとえば、人々の自由と平等を尊重する社会が望ましい、という主張がきちんとした理由とともに示され、多くの人が納得するなら、具体的な政策のレベルでも、経済格差を縮小するための政策や、さまざまな差別をなくしていくための政策が、選択されるべきだということになります。逆に言えば、そもそもどのような社会が望ましいのか、ということがはっきりしなければ、政策は場当たり的なものにならざるをえません。現代においてはどのような政策を取るべきなのか、論争が激しさを増していますもしかするとそれは、政治哲学的な議論が十分になされないまま、各人が自分の要求だけを掲げているからかもしれません。

ロールズの『正義論』の出版は、この政治哲学と呼ばれる学問領域における、一つの画期でした。彼の斬新かつ洗練された理論は多くの研究者に衝撃を与え、いかなる社会が正義にかなったものであるかをめぐる議論が、おおいに活性化することになりました。その結果、ロールズの見解以外にも実にさまざまな考え方が提起されました。リバタリアニズム（自由至上主義）、コミュニタリアニズム（共同体主義）、ユーティリタリアニズム（功利主義）、リパブリカニズム（共和主義）など、多くの「〜イズム」が登場し、いずれの立場がより大きな説得力を持つかをめぐってたくさんの論文や著作が書かれました。一例を挙げれば、リバタリアニズムの立場からは、個人の権利が何よりも大事であり、したがって所得再分配は不当である、なぜならそれは富裕層の所有権の侵害だからだ、という形で平等主義リベラリズムへの批判が提起されました。こういった論争を通じて政治哲学の議論は二〇世紀後半に華やかに広がっていったのですが、その起点となったのが、ロールズ『正義論』の出版だったのです。

もちろんロールズ以前にも政治哲学の議論はありました（実を言えば紀元前のころからありました）。しかし前述のように、政治哲学が現実の政治に深く関わっているのだとすれば、社会がどんどん移り変わっていく中で、政治哲学の側もやはり論じ方を変えていかざるをえません。ロールズは二度の世界大戦を経た二〇世紀の後半において、新しい社会のあり方に応じた新しい政治哲学の論じ方を確立し、活発な検討の端緒を開きました。その思想は、現代のわれわれが社会や政治のあり方について考える上で、大きなヒントをくれるものとなるでしょう。

なぜいまロールズを学ぶのか（一）——答えのない対立という行き詰まり？

右に、ロールズの議論は現代においても「大きなヒントをくれるものとなる」と述べましたが、しかし、なぜそのように言えるのでしょうか。ロールズの『正義論』は、五〇年以上も前の著作です。そんな古い時代の本がヒントになるといっても、あまりすんなりとは飲み込めないかもしれません。本編に入る前に、ロールズの思想が「今を生きる思想」である理由を説明しておく必要があるでしょう。

もちろん、多くの古典的著作がそうであるように、ロールズの『正義論』には非常に多くの論点が詰め込まれていて、現代社会について考えるヒントはたくさんあり、一つに絞れるものではありません。とはいえ、多くの人にわかってほしい、ロールズの思想の核心、というものはたしかにあると筆者は考えています。それは何かと言えば、ロールズの思想の中に、**社会の中の答えのない対立を乗り越えるヒント**があるということです。

近年、私たちが共に暮らす社会は「分断」されている、と言われます。さまざまなアイデンティティや考え方を持った多様な人々が、それぞれの価値観に従って自由に生きていこうとする中で、お互いに分かり合えない部分が多く見られるようになってしまった。さらには相手を全否定し、その人の人格そのものを攻撃するような意見も目立つようになってきてしまった。そんな時代を私たちは生きているように思われます。

このような分断は日常生活にとどまらず、政治の場面においても見られます。さまざまな政治上の意見対立はいまや深く決裂したものとなっています。異なる政治的な立場を取る相手をまるで「敵」であるかのようにみなし非難し罵倒する様子が、とりわけSNSなどで（下手をすれば国会議員のあいだでも）見られることは、みなさんもご存知でしょう。

このような分断は、個々人の政治的な立場の対立が、もはや簡単には調停できなくなってしまったことを意味していると思われます。正義のあり方をめぐってたくさんの「〜イズム」があると先に述べましたが、ある人々はAイズム、また別の人々はBイズムを信じている、というような形で、対立がラベリングされ、固定化されてしまっています。

そして、ここが現代社会の難しいところなのですが、多様な価値観が尊重される社会においては、そのようなイズムの対立は、一方が正しくて他方が間違っている、というようにはっきりとした答えを出すことができない対立とみなされがちです。それゆえに分断は調停されることなく、溝は広がるばかりです。

なぜいまロールズを学ぶのか（二）——個々の思想の理解だけでは足りない

本文でものちほど詳しく論じるところですが、正義のルールは本来、人々の政治的な立場の対立の中で、なお共通の土台となるものです。意見の違いはあっても、それでも誰もが従わなければならないものとして、正義があるわけです。意見の違いや行為の自由は尊重されなければならないけれど、不正な意見や行為（典型的には他人を傷つけるようなもの）は認められない、ということには多くの人々が納得するでしょう。このように意見対立の中でなお社会の共通の基礎を打ち立てるのが正義の役割です。

しかし、現代社会では正義についてさえ、さまざまな考え方があるのだとされています。正義は人それぞれ、という言葉が広く聞かれるようになりました。何が本当の正義なのかについては答えが出ないままに、あるいは本当の正義などないのだとされ、対立が続いています。

これは政治哲学のあり方そのものへの反省を促す事態でもあると筆者は考えます。これまで政治哲学の学びは、いくつもの「イズム」を整理し、それぞれの主張について勉強する、という形を取ってきました。たとえば平等主義リベラリズムに従うならばAと考えられるが、リバタリアニズムに従うならばB、またコミュニタリアニズムに従うならばCと考えられる、というようなことを学ぶわけです。このような学びを通じて、たしかに私たちは一つひとつの政治哲学的な立場については詳しくなることができます。ですが、そんなふうにして、いわば「イズムのカタログ」をつくっていっても、それらの立場のあいだでの対立状態についてどう考えればいいのかは、依然としてわからないままです。

しかしそれでよいのでしょうか。正義は人それぞれだ、とは言っていられない現代社会において、私たちはまさに、正義についてクリアに考え直すことを必要としています。そしてそのためにこそ、そもそも社会の「正義」はいかなるものであり、どのように打ち立てられるべきなのか、ということを根本から考えたロールズに立ち返ることが、一つの手がかりになります。というのもロールズは、『正義論』を執筆するにあたって、正義をめぐる意見の対立が存在することをきわめて真剣に考えていたからです。さらに言えば、正義については多様な考え方があり簡単に決着はつけられない、ということこそが、ロールズの『正義論』の出発点でした。そのような出発点からの考察は、まさに私たちが現代において必要としているものでしょう。

なぜいまロールズを学ぶのか（三）——多様性の中でこそ正義が求められる

現代社会を特徴づけるキーワードは「多様性」であると言っても、大きな反論はないのではないかと思います。多様性は尊重されるべきであるし、だからこそ多様性は認められ、さまざまな個性が花開く社会が目指されるべきだ、と言われます。しかし、考えてみれば当たり前ですが、人々のあいだの多様性が増すほどに、人々が対立する場面も増えてきます。対立とは「考え方が一致しないこと」であるとすれば、それは多様性すなわち「考え方が多様であること」とコインの裏表であるとさえ言えます。

したがって、多様性をすばらしいものとして受け入れるのはよいのですが、その一方で多様性に付随する対立をなんとか調停する手段を見つけない限り、多様性を尊重する社会において分断が深まっていくのは必然です。多様性を大事にしながら、それでいて深刻な対立なしに、誰もがのびのびと暮らせる社会はたしかに一つの理想です。しかし、それは実のところ大きな矛盾を抱えた理想なのです。

例えて言えば、過ごしやすくてエコな家というのは一つの理想ですが、便利さを求めて家電をたくさん詰め込めばエコでなくなるのは当然です。住宅の構造についての何かしらの工夫がなければ、両方を取ることはできません。これと同じように、多様性の尊重と対立の回避のどちらかを諦めるのではなく、両方を取るためには、社会の構造（仕組みやルール）についての、何かしらの工夫が必要です。そして、そのような工夫を見つけ出すことこそが、ロールズの課題でした。『正義論』においてロールズが取り組んだのは、まさにこの問題、すなわち、人々が多様なアイデンティティを持っており、正義についても異なる意見を持っている、ということを前提にした上で、それでも正義が成立するとすればどのようなものとなるのか、という問題です。

はたして私たちは、社会の中の答えのない対立を、乗り越えることができるのか。この問題を解く手掛かりが、ロールズの『正義論』の中にあります。これから全四章を通じて、そのことをみなさんと一緒に見ていきたいと思います。

本書の構成

本書の構成は以下のようになります。第一章ではまず、ロールズが主題にした「正義」という課題について丁寧に確認します。すなわち、社会の仕組みが正義にかなったものであるとは何を意味するのか、また、なぜそれを実現することは困難なのかを見ていきます。

そうして問題関心をはっきりさせた上で、続く第二章と第三章では、ロールズ自身の正義の理論について解説します。第二章では、正義の理論をどのように組み立てればよいとロールズが考えたのかについて見ていきます。当たり前のことですが、私はこれこれの正義がよいと思う、という個人的な意見をぶつけあっている限り、正義は定まりませんから、正義の「組み立て方」は重要なポイントになります。第三章では、適切な組み立て方を用いてロールズが示した、正義の理論の内容を見ていきます。社会の仕組みはいかなる原理に従うべきなのか、という具体的なアイデアがここで示されます。

最後の第四章では、少しアプローチの仕方を変えて、正義の理論が私たち一人ひとりの生き方とどのように関連しているのかを見ていきます。社会の仕組みにばかり注目して、そこで実際に生きる人々のあり方を考えないのでは、机上の空論との批判をまぬがれないでしょう（実のところロールズはそのような批判をしばしば受けてきました）。ロールズの示す正義の理論は、人々の生活における実質的な「自由」をどのように捉えていたのかについて、特に「自尊心」という主題に注目し、解説していきます。

すなわち、四つの章を通じて、①問題設定、②問題へのアプローチの仕方、③問題への理論的な解答、④その解答と私たちの生活との関係、を順番に見ていくというわけです。一〇〇頁という限定されたページ数のゆえに、説明も要点を絞ったものになりますが、それでもロールズの思想のエッセンスがしっかりわかるように練り上げましたので、著者としてはこの一冊を読めば全体像がつかめるものと思っています。

それでは以下、初めてロールズに出会うという人も、すでにロールズをいくらか知っている人も、一緒にロールズの思想を読み解いていきましょう。

※以下、ロールズ『正義論』の訳文は、川本隆史・福間聡・神島裕子（訳）『正義論　改訂版』（紀伊國屋書店、二〇一〇年）に依拠しています。ただし訳文のうち、訳者による補足および原語の併記については省略して引用しています。また明らかな誤植は断りなく修正しています。引用にあたっては節番号と邦訳頁数を記載し、原著の頁数は省略しました。

目次

第一章　助け合って生きていく上での対等な足場をつくる

ロールズの人生

はじめに、『正義論』の著者ジョン・ロールズ（John Rawls: 1921-2002）がどんな人生を送ったのかについて、ごく簡単に見ていくところから始めましょう。なぜそうするのかと言えば、一つの理由は、著者の人物像を知ることで、その思想の内容にもいっそう親しみが持てるようになるものだからです。そしてもう一つの理由は、ロールズの場合、その人生を知ることが、彼の思想を理解する上での手がかりになるところがあるからです。

ジョン・ロールズは一九二一年二月二一日、アメリカ合衆国メリーランド州のボルティモアに生まれました。家はそれなりに裕福で、また政治的な関心も高かったと伝わっています。ロールズは名門私立校ケント・スクールを卒業すると、日本でも有名なプリンストン大学に入学しました。

大学でロールズが最も大きな関心を持ったのは、彼を政治哲学者として認識している私たちからすると意外に思われるところですが、キリストの教えでした。ロールズは大学では神学の勉強に、すなわちキリスト教についての学問的な探究に打ち込みます。卒業論文は「罪と信仰の意味についての簡潔な考察」というタイトルで執筆され、とても高い評価を得ました。卒業時点では、ロールズは聖職者になりたいと考えていたようですが、しかし、彼はすぐにその道に進むことにはなりませんでした。時代がそれを許さなかったと言っていいかもしれません。

先にロールズは一九二一年にアメリカに生まれた、と述べましたが、ここでピンときた人もいるのではないでしょうか。ロールズの青年期に極めて大きな影響をおよぼした出来事として、太平洋戦争がありました。彼は大学を卒業すると直ちに陸軍に入隊し、日本との戦争に兵士として参加します。

彼の配属された部隊は、ニューギニアやフィリピンで日本軍と戦いました。そこは私たちもよく知る通り、非常に過酷な戦場でした。ロールズは自らも命の危険に晒《さら》されるとともに、親しかった戦友を失います。戦争が終結したのちには、占領軍の一員として日本に上陸し、原爆が落とされた後の広島も見ています。こういった経験を経て、彼の信仰心にどのような変化があったのかははっきりとはわかりません。ロールズはそれについてほとんど語ることがありませんでした。しかし少なくとも彼は戦後、もはや聖職者になろうとはしませんでした。その代わりに彼は学問の道、それも哲学の道を選びます。

ロールズは退役したのちの一九四六年にプリンストン大学の大学院に進学しました。一九五〇年に博士論文を提出すると、イギリスのオックスフォード大学に留学し、帰国後の一九五三年にはコーネル大学の助教授となりました。大学院に在学中の一九四九年に結婚もしており、のちにロールズ夫妻は四人の子供に恵まれました。

さらにロールズは一九六〇年にはマサチューセッツ工科大学の教授に、そして一九六二年にはハーヴァード大学の教授となります。以降、このハーヴァードにおいて長い時間をかけて執筆されたのが、彼の最初の著作でありそして二〇世紀の哲学を代表する名著の一つに数えられる『正義論』です。一九七一年に出版され、アメリカの政治学・哲学の世界に多大な影響力を及ぼしました。

『正義論』の解説に入る前に、ロールズの人生を先のほうまで見ておきましょう。ロールズは『正義論』の出版後もハーヴァード大学で教鞭を執り続けます。彼は最終的に三冊の著作を世に出しました。二冊目の著作『政治的リベラリズム』(一九九三年)は、『正義論』に向けられた批判をふまえてその内容を部分的にヴァージョンアップし、彼の正義の構想をいっそう洗練させたものです。三冊目の著作『万民の法』(一九九九年)は、正義にかなった社会を論じる『正義論』の枠組みを国際社会に応用し、正義にかなった国際社会のあり方を検討するものです。彼は最後まで『正義論』のテーマおよびその思想を追究し続けたと言えるでしょう。なおこの間、『正義論』は多くの言語に翻訳され、またさまざまな修正が加えられた改訂版も出版されました(一九九九年)。

現在ではこれらの三冊の著作の他に、論文集や大学での講義録も数多く出版されています。特に重要なのが、『正義論』と『政治的リベラリズム』の内容についてのロールズの講義ノートを書籍化した『公正としての正義　再説』（二〇〇一年）です。この本には上記二冊のエッセンスが比較的わかりやすくまとめられています（それでもかなり難解で、ある程度は予習しておかないとなす術もないのですが）。

ロールズは二〇〇二年に心臓発作でこの世を去りました。八一歳でした。彼の思想はその後も多くの国で読み継がれ、さまざまな知的探究の源泉となり、彼の意志を継ぐさらなる研究へとつながっています。筆者もまた、ロールズの遺産を次の時代につなげようと努力している一人です。

正義とは何か——社会にとってなくてはならないもの

さて、それでは『正義論』の解説に入っていきましょう。まずはじめに取り組まなければならないことは、この本の主題となる「正義」とはいったい何なのか、という最も基本的なところを明確にすることです。というのも、正義にもいろいろな意味があるからです。

たとえば、悪いことをした人間を罰することが正義の役割だと言われることがあります。また、弱い立場におかれた人を助けることを正義と呼ぶこともあります。いずれにせよ「正義のヒーロー」をイメージしたときに浮かぶようなものですね。あるいは、正義という言葉を「不正をしない」という意味で捉えるならば、ちゃんとルールを守り、ズルをしないという日常的な営みもまた、正義のイメージに近いところがあるかもしれません。

しかしながらロールズが論じる正義は、そういった個人の行為に関するものではありません。ロールズが検討するのは、**社会を支える仕組みが正しいものであること**、という意味での「正義」です。一言で言えば「社会正義」こそが『正義論』の主題です。

『正義論』の出だし、いちばん最初の箇所は次のように書かれています。

> 真理が思想の体系にとって第一の徳であるように、正義は社会の諸制度がまずもって発揮すべき効能である。どれほど優美で無駄のない理論であろうとも、もしそれが真理に反しているのなら、棄却し修正せねばならない。それと同じように、どれだけ効率的でうまく編成されている法や制度であろうとも、もしそれらが正義に反するのであれば、改革し撤廃せねばならない。（第一節、六頁）

正義とは社会の諸制度が持つ特徴であること、それも第一に満たされなければならない特徴であることが、高らかに述べられています。個人の好みもあるかもしれませんが、この『正義論』冒頭の文章は、知的な高潔さにあふれた魅力的な文章だと、筆者は読むたびにいつも思います。

この文章に明らかなように、『正義論』の主題は、個人の行為を正しいとか不正であるとか判断する、その基準を見出すことではありません。個人の行為について正しいかどうかが論じられる場面は日々の生活の中で多くありますが、それらはロールズが念頭においている正義とは別のものです。ロールズの主題はあくまで社会正義、すなわち社会のもろもろの仕組みが正しいとか不正であるとか判断する、その基準です。

右に引用したロールズの文章について、一つ注意しておきたいことがあります。右の文章では正義が社会にとってとても大事なものである、ということが述べられているわけですが、ここでは決して何か特定の正義の形が示されているわけではありません。ここでロールズが述べているのはあくまで、社会のもろもろの仕組みは、とにかく何かしらの正義にかなうものでなければならない、というだけのことです。

これから詳しく見ていきますが、ロールズは社会正義についてさまざまな考え方があるということを、私たちが生きる社会の前提として受け入れています。多様な考え方はあるものの少なくとも何らかの正義は必要である、社会にとって正義はなくてはならないものだ、ということを、議論の初めにロールズは確認しているのです。

社会とは何か（一）――協働の冒険的企て

ロールズの主題が社会正義にあるということを確認しただけでは、まだまだ話は曖昧です。社会のあり方が正しいものであるとは、いったいどういうことでしょうか。これについて考えるためには、まず社会とはいかなるものか、ということを確認しなければなりません。

ロールズによれば社会とは、**私たちが共に生きることで、お互いによりいっそう豊かになる**という、そのような試みのことです。そして、そのような試みであるからこそ、正義が必要になる、とロールズは考えます。

社会とは〈相互の相対的利益（ましな暮らし向き）を目指す、協働の冒険的企て〉なのだけれども、そこには利害の一致だけではなく衝突も顕著に見られるのが通例である。社会的な協働によって、各人が独力でひとり暮らしを続けるのと比べて、ましな生活が可能となるがゆえに、利害の一致が成立する。逆に利害の衝突が起こるわけは、こう説明できる――人びとが各自の目的を追求するにあたって、相互連携がもたらす便益の取り分がより大きくなることを選好するため、便益の分配がどれくらいの大きさになるかに関して、無関心ではいられないからである、と。そこでこの相対的利益の分割を規定する複数の社会的な制度編成のどれを選ぶかに際して、さらに適正な分配上の取り分に関する合意事項を確定するために、一組の原理が必要となってくる。こうした原理こそ、社会正義の諸原理にほかならない。（第一節、七頁）

少し長くて飲み込みづらかったかもしれませんが、ここでロールズが言っているのは次のようなことです。私たち人間は、共に暮らすことによって、一人で生きるよりも豊かに生きることができる。しかし、そうして協力することで得られる豊かさは、人々のあいだで必ずしも平等に分けられるわけではない。なぜなら誰しも自分の取り分を多くしたいと考えるからである。それゆえ、たとえば奴隷制や身分制のように、共同生活から得られる利益を一部の人が一方的に取り上げるような社会になってしまうことも珍しくない。これを防ぐことが社会正義に求められることである。そして、社会正義を実際にルール化するのが「正義の原理」である。

ここでロールズが論じているのは、社会というものは本質的に正義を必要とする、ということです。言い換えれば社会正義は、社会が何かしらのトラブルでうまくいっていないから求められるものではなく、社会が社会である限り常に問題になるものです。協力することによる豊かさ（およびそのための負担）が人々のあいだでどう割り振られるかについて、正義にかなった采配《さいはい》が常に求められるのです。

それゆえ社会は「正義の原理」を必要とする、と述べられているわけですが、この正義の原理とは具体的には何を規定するものなのでしょうか。これが次の疑問です。ロールズは正義の原理の役割について、端的に次のように述べています。

それらの原理が、社会の基礎的諸制度における権利と義務との割り当て方を規定するとともに、社会的な協働がもたらす便益と負担との適切な分配を定めるのである。（同前）

権利と義務について、誰がどのような権利を有し誰がどれだけの義務を負うのか、また便益と負担について、誰がどのような便益を得て誰がどれだけの負担を負うのか、それを決定するのが正義の原理の役割なのだと、ロールズは述べています。この原理が適切に定められることによって、社会のあり方は、正義にかなったものになるということです。

二六ページに引用した文章の中でロールズは、社会とは「協働の冒険的企て」である、と述べていますが、これはとても印象的なフレーズです。まず「協働」という部分は、社会というものが、人々の協力によって成り立っているものであることを表しています。次の「冒険的企て」という部分は、「協働」の利益と負担をどのように分け合うかについて、社会は常に火種を抱えた状態にあることを表しています。

とはいえ、そのような困難はあっても、私たちが社会を形成することで豊かさを手にすることができるのは間違いありません。必ずしも参加者全員が対等な利益を得られるとは限らないけれども、挑戦してみる価値はある、柔らかく言えば、社会というチャレンジには分裂と支配のリスクがあるけれども大きな生活向上のリターンも見込まれるというわけです。この意味で社会が「冒険的企て」だというのは、なるほどたしかにその通りだと筆者は思います（なお補足しておきますと、ここで「冒険的企て」と訳されているもとの言葉はventure、すなわちリスク覚悟で挑戦していく「ベンチャー企業」のベンチャーと同じ言葉です）。そして、そのような企てのリスクの部分を調停するのが、正義の役目となります。繰り返しになりますが、社会が協働の（完全無欠のプロジェクトではなく）冒険的な企てであるからこそ、正義が必要となるのです。

社会とは何か（二）——根本的な相互依存性

社会とは人々が共同で取り組む一つの試み、すなわち「協働の冒険的企て」である、とするロールズの考え方に、『正義論』を理解する上での重要なポイントを見て取ることができます。それは、**社会というものは根本的に相互依存的なものである**、という見方です。このロールズの社会観は非常に大切なところですので、現代の日本における例を挙げて詳しく見ていきたいと思います。

私たちの社会においては、人によって、おかれた状況はさまざまです。そして異なる境遇にある人々は、それぞれに意識してはいなくても、お互いに協力して(言い換えれば依存して)生活しています。たとえばスーパーマーケットで食品を購入する際にレジをうつ人、それらの食品を流通させるためにトラックを運転する人、そもそもその食品を生産した人。また、電気やガスの供給を支えている人、ゴミを回収する人々、その焼却処理に携わる人。そういった人々がいなければ、誰も、生活を維持することはできません。

社会の中で恵まれた境遇にいる人、たとえば年収や社会的地位が高い人は、同じような境遇にいる人と付き合うことが多いでしょう。職場の同僚はもちろん、趣味を同じくする友人も、同じマンションに住む隣人も、みな恵まれた人々であるかもしれません。だとすれば、恵まれた人々はそのような人々だけからなる世界に生きており、恵まれた境遇にない人々は別の世界に生きているのだと考えてしまってよいでしょうか。これはまったくの誤りです。そう考えるのが道徳的に望ましくないという話ではなく、事実認識として誤っています。なぜなら恵まれた人々も、右に見たようにさまざまな場面で、そうではない人々の助けを得て生きているからです。

このような相互依存性を誰の目にも明らかにしたのが、二〇二〇年に起こった新型コロナウイルスのパンデミックに際し、広く注目を集めた「エッセンシャルワーカー」という言葉です。私たちの生活にとって必要不可欠な職業に従事する人々を指す言葉ですが、同時にそのような人々が必ずしも高い収入を得ているわけではないことも示唆しています（典型的には介護や保育といった福祉関連の仕事の従事者が挙げられます）。そのような人々は私たちみんなの生活を支えているにもかかわらず、しばしば収入が低く、また厳しい労働環境におかれていることが、社会問題として捉えられるようになりました。

なぜお互いの生活を共に支え合っているのに、恵まれた境遇にいる人とそうでない人がいるのでしょうか。それは、お互いに協力することで生まれた社会の豊かさが、人々のあいだで対等に分けられているわけではないからです。その豊かさの取り分に差があるからです。それゆえに、協力して努力することによって社会が発展しているにもかかわらず、その負担が小さい割に利益は大きい人と、その負担が大きい割に利益は小さい人とが生まれてしまっています。これはまさしく、ロールズが問題視した、社会のあり方が正義にかなっていない状況そのものだと言えるでしょう。

同様の偏りは、労働の場面に限られません。二〇一一年の東日本大震災に伴う福島原発事故に際して、原発は福島にあるのに、その電力が東京に送られているということに一定の注目が集まりました。発電による豊かさを享受する人々と、その発電のリスクを負っている人々とは、一致していなかったわけです。これもやはり、共に生きる上での利益と負担の割り当てが一方的なものとなっている事例と言えます。このような偏りに対しては、利益と負担の配分を是正すること、また負担を一部の人々に押し付けなければ運用できない場合には運用そのものをやめることが求められるでしょう。

私たちはお互いに支え合って生きており、それによって豊かさを享受しています。言い換えれば、私たちは他者に依存しなければ豊かに生きられません。それにもかかわらず、その豊かさをめぐる利益と負担が適切に割り振られていないとき、私たちはその社会のしくみを「不正だ」と考えます。このような不正のない社会を実現することが、社会正義の意味であり、そしてロールズが『正義論』で探究した課題なのです。

何についての正義か――社会のいちばんの土台

ロールズにとって、社会のもろもろの制度が正義にかなっているとは、人々のあいだでの利益と負担の割り当てが正しくなされていることを指す、という点を確認しました。しかし右の議論にはなおも、すんなり飲み込めないところが残っています。ここで正義にかなうとか反するとか言われるところの「社会のもろもろの制度」というのは、いったい何を指しているのでしょうか。
ロールズが正義にかなっているかどうかを問うのは何かと言えば、それは「社会の基礎構造」です。社会正義とは社会の基礎構造をめぐる正義なのです。ロールズ自身の言葉を見てみましょう。

ここでの論題は社会正義に絞られている。本書において、正義の第一義的な主題をなすものとは、〈社会の基礎構造〉——もっと正確に言えば、主要な社会制度が基本的な権利と義務を分配し、社会的協働が生み出した相対的利益の分割を決定する方式——なのである。政治の基本組織・政体および経済と社会の重要な制度編成がこうした〈主要な諸制度〉にあたるものと私は考えている。(第二節、一〇-一一頁)

この文章からわかるように、ロールズが定式化しようと試みる正義の原理は、一つひとつの具体的な制度や政策の正しさを規定するものではありません。ロールズの正義が対象とするのは、個別の制度や政策よりももっと根本的な、社会の基本的なあり方です。社会には個別の場面でさまざまな法律や制度が必要ですが、それらはすべからく正義にかなったものでなければならないのであり、それゆえ社会の基本的な部分、いわば社会のいちばんの土台となる部分が正義にかなったものであることが必要なのだ、とロールズは考えているわけです。

しかし、社会の基礎構造という言い方は、いまいちピンとこないかもしれません。実のところロールズ自身も、「基礎構造という概念がいささか漠然としているということは認めざるをえない。どのような制度やそれらの特徴を基礎構造に含めるべきかは、必ずしも明瞭ではない」（第二節、一三頁）と述べています。これは一見すると議論が不十分であるように見えるかもしれませんが、そうではなく、具体的にこれとこれは基礎構造に含まれるがあれとあれは含まれない、というような明瞭な線引きをせずとも、社会の基礎的な部分という形で大まかに捉えるだけで社会正義を論じるには十分だとロールズは考えているのです。というわけで、社会の基礎構造については、社会のさまざまな法律や制度の土台の部分のことだと、ゆるく理解しておくのがよいでしょう。

とはいえ、それではあまりに手がかりがないという場合には、基礎構造の主要な要素の一つである、憲法をイメージすると理解がしやすいと思います。

周知の通り、個々の法律の上におかれる憲法という上位の法規範によって、立法プロセスに制約をかけるという考え方のことを立憲主義と呼びます。立憲主義の社会においては、憲法に法制度の基本方針が定められており、それに反する法律を立てることはできない、という形になっているわけです。このように、他の個別の法律を方向付ける土台として憲法があるわけですが、これは社会の基礎構造の働きをうまく表しています。

言い換えれば、ロールズはもろもろの法制度の大枠を定める憲法のようなレベルで正義を実現することで、個々の政策や制度において正義にそむくような結果が生じないようになることを目指しているのだ、と捉えてよいでしょう。実際のところ、ロールズは正義論を立憲デモクラシーの基礎と位置付けています。「〈公正としての正義〉の中心理念および達成目標とは、立憲デモクラシーの哲学的な擁護論のひとつを構想しようとするところにある、と考えている」（改訂版への序文、xii頁、なお「公正としての正義」とはロールズの正義論のアプローチのことであり、次章で詳しく解説します）。ただし、重ねて強調しておきますが、社会の基礎構造イコール憲法というわけではありません。憲法はあくまで社会の基礎構造の主要な要素の一つです。

基礎構造に関連する点をここで一つ補足しておくと、ロールズの『正義論』が議論の対象としている社会の範囲は、原則として国家と一致します。つまり、検討の対象となる社会の基礎構造とは、一国の基礎構造のことです。また、ロールズが想定している国家は、その国民が個人の権利や自由といった価値を理解している国家です。この点はヨーロッパ視点のバイアスだと言えなくもないかもしれませんが、とはいえ、個人の権利や自由に価値を見出すことは、現代においてはヨーロッパに限らず標準的な見方として広く受け入れられていますので、それほど無茶な前提ではないでしょう。

以上のことは、逆から言えば、『正義論』では国際社会については検討されないということです。「他の社会から孤立している閉鎖系として差し当たり見なされた〈社会の基礎構造〉の正義を判定する、理にかなった構想を定式化できれば、著者の私は満足するとしよう」（第二節、一二頁）とロールズは述べています。とはいえもちろん、国際社会という形の「社会」にも、協働の便益と負担の割り当てという問題は存在します。貿易や人の移動などを通じて各国は互いに影響を及ぼし合っていますし、それが不公平なものだという状況はしばしば見られます。国際社会の正義という問題の重要性については、ロールズもやはり十分に理解しており、『正義論』では論じなかったものの、のちに三冊目の著書『万民の法』において自説を展開します。そこでのロールズの議論もとても興味深いのですが、本書ではあくまで『正義論』に焦点を絞ることにして、その話はまたの機会としましょう。

正義の不可欠さ（一）――正義なしでは生きていけない

ここまでの議論に対して、次のように（少しばかりいじわるな）疑問を投げかける人がいるかもしれません。なぜ協働の便益と負担の割り当てが偏っていてはいけないのか。社会の中で人々が協力したことで得られた成果を、一部の人が実力行使によって奪ってしまったっていいではないか。一部の人々が別の人々を犠牲にして利益を得てはいけない、私たちは助け合って生きているのだから弱者をもっと思いやれ、というのは一つの価値観に過ぎないのであり、それを押し付けられる筋合いはない。

このような批判に対しては、次のように解答することができると思います。まず、少なくともここまで解説してきた範囲では、ロールズは、一部の人々が犠牲にされてはいけない、ということを述べているだけであって、具体的に誰をどのようにサポートする必要があるかについては、何も主張してはいません。たとえば人種差別はいけないとか、貧困はいけないとか、そういうことまではまだ踏みこんでいないのです。

すなわち、「便益と負担の適切な割り当て」と言っても、何が「適切」なのかということは、ここまでの議論ではまだ明らかになっていません。具体的な形はなんであれ、それらの割り当てが何らかの形で適切であることは必要だ、というのがここでの論旨です。社会の中で一部の人が利益と負担の割り当て方を一方的に決定して、他の人を犠牲にして利益を独占することは、「正義」に反するのだと言っているだけです。

そして、なぜそのように言えるかというと、**それが「正義」という言葉の意味だから**です。もし誰か力のある人が一方的に社会のルールを決めてしまうならば、それを「正義にかなった」やり方であると述べることはできない、端的に言って私たちはそういう意味で正義を捉えていない、ということをロールズは指摘しています。

一部の人々を犠牲にしたっていいではないか、と反論する人が現実にいたとして、私たちはそのような人を「正義にかなった人」だとは言わないでしょう。私たちが「正義」を求めるとするならば、そのような意見は端的に受け入れられない、というのがロールズの考えです。

社会正義についてもさまざまな考え方がある、というのは事実です。しかし、それは正義が「何でもあり」だということではありません。あくまで「正義」という言葉の意味の範囲内で多様性がある、ということです。正義は一つに定まらないからといって、自分の好きなものを「正義」と呼んでいい、ということにはならないのです。

次のような特質——基本的な権利と義務を割り当て、社会的な協働の便益と負担との適正な分配と見なされるものを決定するという特質——を有する一組の原理が必要であることを、人びとは理解しかつその諸原理に賛同する覚悟ができている。〔…〕異なる正義の構想を抱いている人びとであっても、基本的な権利および義務の割り当てに際して個人間に恣意的な分け隔てが設けられず、社会生活がもたらした相対的利益をめぐって対立し合う諸要求の間に適正な折り合いをつけてくれるルールが存在する場合、そうした制度は正義にかなっている、ということにはなお合意しうるだろう。（第一節、八頁）

この文章にあるようにロールズは、「協働の冒険的企て」に乗り出す以上、何かしらの正義の下に負担と利益を割り当てていくべきだということを、私たちの共通理解とみなしています。この想定は、少なくとも筆者は、妥当なものだと思います。自分に都合のよい形で正義のルールを設定・運用しようとする人はたしかにいます。しかし、そもそも正義なんかなくたっていい、という主張を真剣に述べる人はまずいません。正義不要論とは、自分は力ずくで他人のものを奪ったり他人を支配したりするつもりだというだけでなく、他人が力ずくで自分のものを奪ったり自分を支配したりしてもそれは不当だと文句を言わない、というような立場です（そのことに文句を言うということは、何らかの正義に訴えることになります）。これはとても現実的ではありません。よくよく考えてみれば、自分の身や自分の生活を自分一人で守ることなどできないことは誰にだってわかります。正義なしでまともに生きていける人はいないのです。

正義の不可欠さ（二）——暴力は正義の代わりにならない

ここでもう一つ（やはり少しいじわるな）疑問を取り上げましょう。「力こそが正義」という言葉があるように、実力行使によって利益を得ることもまた一つの正義である、という主張があるかもしれません。このような態度は、一見したところ、正義という言葉を用いながら、ロールズの考える正義のあり方とは相容れないものです。このような態度をどう考えればいいでしょうか。

たしかに「力こそが正義」という言葉はあります。しかし、それは一つのレトリックであると考えるべきだと思います。「勝てば官軍」という言葉と同じようなものです。勝てば官軍という言葉は、勝利した側が官軍（政府側の軍）になるという判断を述べているわけではありません。当たり前ですが、官軍であるかどうかはその軍の編成の背景によって決まるのであって、勝敗によって決まるわけではありません。勝てば官軍という言葉は、勝てば（本当に官軍であるかどうかに関係なく）官軍である「かのように」ふるまうことができる（だから大事なのは自分たちが正しいことではなく勝負に勝つことである）、という意味でしょう。

これと同様に、「力こそが正義」という言葉も、正義とは力を持つものの属性である、と本気で述べているわけではありません。むしろ、力のあるものは（本当に正義にかなっているかに関係なく）正義である「かのように」ふるまうことができる、という主張とみなすべきです。そして、そのような主張は正義の意味を歪めています。逆に言うと、あえてそのようにひっくり返すことがレトリックとして意味を持つということが、そもそも力による決定は正義ではない、ということを明らかにしています（もし力と正義が本質的に結びついているならば、わざわざ「力こそが正義」などと述べる意味はないでしょう）。

つまるところ正義とは、武力や権力に関係なく決まるものであり、そして、武力や権力によって一方的に決められたことを「不当だ＝正義に反する」として退けるためにあるものです。私たちは正義をそういうものだとみなしており、そういうものだからこそ、対立を調停する足場になるわけです。正義の原理が対立する権利要求に明確に順序をつけ、調停するということは、それを武力や権力なしに行うから意味があるのです。関連する文脈でロールズは、「武力や狡猾さに訴えることを避けるために、正や正義の原理が受け入れられる」（第二三節、一八〇頁）ということを強調しています。

正義をめぐる難しさ（一）――正義はそう簡単には見つからない

ここまで、なぜ社会にとって正義が必要なのか、ロールズの見解を丁寧に見てきました。ここで改めて、「正義」という言葉の意味には二つの水準がある、ということを確認しましょう。まず、正義には誰もが同意できるおおまかな意味があります。それは、ここまで繰り返し述べてきたように、負担と利益の割り当てが一部の人によって恣意的に決められたものではない（＝一部の人を犠牲にするものではない）、ということです。この意味での正義が不要だと考える人はまずいませんから、これは論争的なものではありません。

しかし、正義という言葉はこれとは別に、実際に何を不正とみなすかを決定する、具体的な意味を持つことがあります。たとえば大きな経済格差の存在は不正であるという主張は、正義をめぐる主張ですが、正義の第一のおおまかな意味に従った上でさらに踏み込んで、具体的な形で正義を示すものです。この二つ目の具体的な正義をめぐっては、さまざまな考え方があり、論争がありえます（たとえば、経済格差は当人の努力の成果であり不正ではない、むしろすべての人の努力を等しく扱うことこそが正義にかなう、という立場があります）。

すると続いての問題は、具体的な正義のあり方について、適切だと主張されるものがいくつもある中で、どれが適切なものなのかを決めることです。ここで、ロールズは非常に重要な一つの事実を受け入れます。それは、具体的な正義のあり方、すなわち「正義の原理」は、唯一絶対の答えが簡単に見つかるようなものではない、ということです。

一部の道徳上の原理は無理がなく、しかも明白でさえあるように思われるにもかかわらず、それらは必然的に真だと主張することに対しては（あるいはこの主張の意味するところを説明することに対しては）大きな障害が立ちふさがっている［…］。〈道徳性の概念から必然的もしくは決定的なものとして派生し、したがって正当化の立証責任を担うのにとりわけ適している〉と説得力をもって主張されうる、複数の条件や第一原理群の集合は存在しない。（第八七節、七六一頁）

たとえば計算問題であれば、答えは一つに定まります。1＋2は常に3であり、それ以外ではありえません。1＋2＝4という意見は端的に誤りとして退けることができます（「1＋2＝4、というのが君の意見なんだね、一つの意見として尊重しよう」とはなりません）。答えは論理的に決まるわけです。しかし利益と負担の割り当てをめぐる問題は、そのような形で決着のつくものではありません。これこれの割り当て方が正義にかなったやり方だ、という主張は、それが何かしらの意味での対等な取り扱いを示している限り、一つの意見として認められます。いまや日常的にもしばしば言われるように、正義についてはさまざまな考え方があるのです。それは私たちの社会の事実として受け入れざるをえないことです。

正義をめぐる難しさ（二）——正義は人それぞれというわけにはいかない

正義についてはさまざまな考え方がある、とするならば、私たちは正義について答えを一つに定めることができない、という結論に満足するしかないのでしょうか。残念ながら、そういうわけにはいきません。もし答えを一つに定めることができないということで話を終えてしまえば、正義は実際のところ機能しないことになってしまうからです。

改めて確認すれば、いま問題となっているのは社会の基礎構造です。その基礎構造の下に、社会内の人々がみな従わなければならない一つひとつの共通のルールが決定されます。もし基礎構造のあり方について一つの答えを見出すことはできないのだとすれば、社会には共通の足場が存在しないことになります。

そうなると、強い力を持っている人々がルール無視で好き勝手することを許すことになってしまいます。あるいは、強い力を持っている人が自分に都合のよいようにルールを設定することによって、正義が無視されることになってしまいます。いずれにせよ、正義にかなった社会のあり方を実現することにはなりません。それこそすでに述べた「力こそが正義」という偽の正義によって社会がコントロールされてしまうことになります。

すなわち、正義について単一の答えが見出せないからといって、**単に意見の多様性を認めることは、正義なしで済ませることと同じ**なのです。人々が自分自身の正義に基づいて勝手に行動したり、あるいは特定の正義が実力行使によって全員に押し付けられたりする状況は、その時点ですでに正義にかなった社会ではありません。

ここで私たちは、次のような危ういジレンマに陥っています。正義には単一の答えなどない。しかし、正義は単一の答えが共有されないと機能しない。次章では、このジレンマをロールズがどのように解決したのかを見ていきます。

第二章　みんなが納得できる正義を見つける

——公正としての正義

前章の内容の確認

最初に、第一章の話のポイントを確認しておきましょう。

人々は協力することでより豊かに生きることができます。こうして形成されるのが「社会」です。しかしながら、その豊かさを社会の中の一部の人だけが優先的に利用する（そしてそうでない人に犠牲を強いる）ことは、避けなければならないと私たちは考えます。よって利益と負担の適切な割り当てを決める「正義」の原理が必要になります。

社会にとって正義が必要であることはたしかですが、正義の原理が具体的にいかなる形を取るかについては、意見の相違が避けられません。そして、その対立に最終的な決着をつけることはできません。けれども、ここで正義は人それぞれだとしてしまえば、結局は力のある人がルールを決めてしまうことになってしまいます。それは正義の破綻です。正義に単一の答えは存在しないにしても、正義は単一の形で共有されなければなりません。

この難問にどう答えることができるのでしょうか。

合意という観点（一）——みんなが納得して受け入れられればよい

この難問に対して、ロールズは次のように考えます。正義は一つの真理として存在するようなものではない。しかしそうだとしても、正義を一つの「合意」として理解することはできるのではないか。すなわち、ある正義のルールについて（それが究極的な真理であるかどうかはひとまずおいておき）その社会内のすべての人が納得して受け入れられるならば、それを正義の原理として社会の基礎におくことに無理はないのではないか。

つまりは、唯一絶対の正義の代わりに、**その社会の誰にとっても受け入れられる正義**を探そう、ということです。みんなが特定の正義についてしっかりと納得した上で合意することができたとしたら、正義は人それぞれだとされ共通の正義がなくなってしまう、という状況を乗り越えることができます。この考え方は、正義をむりやり押し付けることなしに単一の正義に基づいて社会を築いていくための、ロールズ渾身の妙手だと言えるでしょう。それがうまくいけば、私たちは人々のあいだの意見の多様性を受け入れながら、その多様性が無秩序や暴力的な支配に転じてしまうことを防ぐことができるはずです。

合意という観点（二）——適切な形で合意することは簡単ではない

しかしながら、合意できればそれでよい、という単純な話ではありません。ひとくちに合意と言っても、たとえば銃が突きつけられた状況や、権力者からの無言の圧力がある状況での合意は、まっとうな合意とは言えないでしょう。どのように合意したのかが「合意」という行為にとっての大事なポイントです。このことは、正義についての合意を考える上でも同じです。合意がありさえすればそれでいい、ということであれば、たとえば独裁政権が、武力を背景にした脅しの下での国民投票によって新しい憲法を制定することも、認められてしまいます。しかしそのような決定はまさに「正義」に反するもの、すなわち一部の人が武力や権力を通じて他の人々を犠牲にする構図そのものでしょう。

加えて、そもそも正義については、合意を得ること自体はじめから不可能なのではないか、という指摘もありえます。すでに述べたように、正義については人々のあいだに意見の対立があるということが、ロールズの考察の大前提です。であれば、正義について合意を得るというのは、無理筋であるようにも思えます。何かしらの正義のあり方について「人々は合意できるはずだ」と楽観的に述べてしまえば、人々の意見の多様性を真剣に捉えていないことになります。

正義についての合意を目指すといっても、単に合意があればよいという話にはならないし、そもそもはじめから合意は難しい状況にある、というわけです。

合意という観点（三）——対立の原因はおかれた立場の違いにある

以上のような事態を考えると、合意のあり方について、何かしらの工夫が必要になってくることがわかります。ロールズは、この適切な合意を実現するための工夫として、非常に斬新なアイデアを提示します。

人々が正義の原理に関して別々の意見を持っている、ということが私たちの社会の前提であるわけですが、そもそも、なぜ私たちは別々の意見を持っているのでしょうか。それは、人によっておかれた立場が違うからです。おかれた立場が違うと、正義のルールから受ける影響も異なってきます。ルール次第で得をする人もいれば損をする人もいるということです。

それゆえに人は、なるべく自分にとって有利なルールを求めます。素朴な例を挙げれば、労働者を雇う側に立つ人にとっては、労働規制がゆるいほうが（サービス残業を増やしたり手当を減らしたりできる点で）望ましいのに対して、雇われて働く労働者からすれば、労働規制が厳しいほうが（過酷な労働を強いられる危険性が減るという点で）望ましいでしょう。このように、人々の立場の違いが意見対立を引き起こします。だとすれば、適切な合意を実現するためには、そういった立場に左右された態度をなんとかする必要があると考えられます。正義の原理を導出するにあたって、「人びとを反目させ、自分だけの利益になるように社会的・自然的情況を食い物にしようという気を人びとに起こさせる、特定の偶発事の影響力を、何とかして無効にしなければならない」（第二四節、一八四頁）のです。

そこでロールズは次のように考えます。自分のおかれた立場に有利なルールを人々が選んでしまうということが対立の原因であるならば、その原因を取り除いてしまえばいいのではないか、すなわち、自分のおかれた立場について考えることを、人々がやめればいいのではないか、と。

これは、自分の利益を手放せ、もっと社会全体のことを考えろ、という素朴なお説教ではありません。そうではなく、一つ仮想的な検討をしてみましょう、とロールズは述べます。すなわち、**人々が自分のおかれた立場について何も知らない状況で正義について検討したならば、どのようなルールを求めるだろうか、**ということを考えてみよう、と提案するのです。

合意のための工夫（一）——無知のヴェールによる制約

そのような提案を実現する手がかりとして、ロールズは「無知のヴェール」という哲学的なアイデアを考案します。

無知のヴェールがかけられた人は、自分の立場について何も知らない状況におかれることになります。ここでヴェールというのは、頭や顔を覆う薄い布のことです（結婚式で花嫁がかぶるものが思い浮かべやすいでしょうか）。通常のヴェールの場合、視界がぼんやりとすることになりますが、無知のヴェールもこれと似たように、思考に上からかぶせることで自分の立場についての情報がよく見えなくなってしまう、というイメージです。

無知のヴェールの下では、自分が社会内でどのような立場におかれているのかが見えなくなると想定されます。具体的に言えば、自分が裕福であるのか貧困であるのか、男性であるのか女性であるのか、白人であるのか黒人であるのか、キリスト教徒であるのか仏教徒であるのか、どんなことについて優れた才能を有しているのか、といったことが何一つわからなくなります。そのような状況の下で正義のルールについて検討したらどうなるだろうか、とロールズは問うのです。

こうした状況では、人は自分にとって都合のよいルールを求めることができません。なぜなら、どのルールが自分にとって有利なのかがわからないからです。たとえば裕福な人は、税金を安く済ませるために、貧困対策にあまりお金をかけない社会のほうが望ましいと考えるかもしれません。しかし無知のヴェールの下では、このような判断はできません。自分が裕福であるか貧困であるかがわからないからです。もし自分が貧困であった場合、貧困対策がない社会では大変な不利を被ることになってしまいます。

同じように、自分が男性であれば、男性中心的な社会をもってよしとするかもしれませんが、このような態度も無知のヴェールの下では取ることができません。なぜなら、自分が男性であるか女性であるか（あるいはそのいずれでもないのか）が、わからないからです。もし自分が女性であった場合、男性中心的・家父長制的な社会保障制度よりも、性別に中立的な社会保障制度のほうがずっと望ましいことになるでしょう。

つまり、無知のヴェールによって、「人びとを衝突させ各自の偏見に操られるのを許容する、種々の偶発性に関する知識が閉め出される」（第四節、二七頁）ことになるのです。このように立場について無知な状況においては、人々は次のように考えるものとロールズは想定します。ヴェールを外したときに、自分がどのような立場におかれるかわからない以上、**いかなる立場であっても受け入れられるようなルール**を選ぼう、と。

無知のヴェールの下で考えることで、私たちは、誰もが合意できる理由のあるルールに到達することが可能になるわけです。言い換えれば、私たちは自分一人の視点から、いかなる立場であっても（＝誰でも）受け入れられる正義の構想を手にすることができるのです。この点はロールズのアイデアの非常によくできたところだと言えるでしょう。

合意のための工夫（二）——原初状態というフィールドの設定

もちろん現実に生きる私たちから、自分のおかれた立場についての情報を一時的に消し去ることは不可能です（SF映画に時々あるように、脳に機械を組み込んでどうこう、ということを考えているわけではもちろんありません)。もし仮に、自分の立場がわからなくなったら、と頭の中で検討してみることを、ロールズは促しているのです。

社会的協働に参画する人びとが、一堂に会して(ひとつの共同行為として)基本的な権利と義務を割り当て、かつ社会的便益の分割を定めてくれる諸原理を選択する。要するに、そうした状況を想像することができるだろう。人びとは互いの権利要求をどのように統制すべきか、および自分たちの社会の根本憲章がどんなものであるべきかを、あらかじめ決定することになる。(第三節、一六 - 一七頁)

すなわち、無知のヴェールを用いてロールズが主張しているのは、ある種の思考実験をしてみよう、ということです。ロールズは、そのような仮説的検討によって正義の原理が決定される状況を「原初状態」と呼びます。右に論じた「無知のヴェール」は、この原初状態における決定を特徴づける、一つの概念的な道具として位置付けられます。原初状態についてロールズは次のように述べます(以下の引用にある「善の構想」というのは、その人の価値観や人生観のことを指す専門用語です)。

言うまでもなく、この原初状態は、実際の歴史上の事態とか、ましてや文化の原始的な状態とかとして考案されたものではない。ひとつの正義の構想にたどり着くべく特徴づけられた、純粋に仮説的な状況だと了解されている。この状況の本質的特徴のひとつに、誰も社会における自分の境遇、階級上の地位や社会的身分について知らないばかりでなく、もって生まれた資産や能力、知性、体力その他の分配・分布においてどれほどの運・不運をこうむっているかについても知っていないというものがある。さらに、契約当事者たちは各人の善の構想やおのおのに特有の心理的な性向も知らない、という前提も加えよう。正義の諸原理は〈無知のヴェール〉に覆われた状態のままで選択される(第三節、一八頁)。

また別の言い方を引けば、原初状態とは「当事者たちが道徳的人格として対等に表象・代表されており、かつその帰結が気まぐれな偶発性や社会的勢力の相対的なバランスによって左右されることのない事態」(第二〇節、一六二頁)です。繰り返しになりますが、このような状況において正義の原理が選択されることで、いかなる立場であっても(=誰でも)受け入れられる正義の構想を手にすることができると、ロールズは考えるのです。

少しアカデミックな話になりますが、このようなロールズのアイデアは、「社会契約論」

の再構成であるとされています。社会契約論とは、ヨーロッパの近代啓蒙思想の中で登場してきた、国家権力の正当性に関する一つの理論のタイプです（わざわざ「理論のタイプ」と述べるのは、社会契約論という理論がただ一つあるのではなく、社会契約論の形をとる複数の理論が、さまざまな思想家によって提案されているからです）。国家権力がその力の行使について正当性を持つのは、人々がそのような権力を受け入れるという契約を結んだからだ、というのが社会契約論の基本的な考え方です。言い換えれば、国家権力の正当性はその国に暮らす人々のあいだの契約、すなわち合意に基づくという考え方です。ロールズは「本書の達成目標は、ロック、ルソー、カントに見られるような、社会契約というよく知られた理論を一般化しかつ抽象度を一段と高めた、正義の構想のひとつを提出することに向けられている」（第三節、一六頁）と述べ、自らの議論をはっきりと社会契約論に結びつけています。

「公正としての正義」というアプローチ

ロールズは、無知のヴェールの下で正義のルールを導出する、という自らの正義の構想のことを、「公正としての正義」と名付けています。

この「公正としての正義」という用語は、ロールズの『正義論』を代表するものです（なんと言ってもこれこそが彼の提示する正義の構想なのです）。それゆえ広く知られてもいます。しかし、率直に言って非常にわかりにくいネーミングです。普通に考えれば、公正と正義はほとんど同じことを意味しているように思えますし、また公正「としての」という言い方はあまりピンとくるものではありません。そこで言葉の印象に惑わされずきちんと理解するために、ロールズ自身の説明を確認してみましょう。

本書を導く理念によれば、社会の基礎構造に関わる正義の諸原理こそが原初的な合意の対象となる。それらは、自分自身の利益を増進しようと努めている自由で合理的な諸個人が平等な初期状態において（自分たちの連合体の根本条項を規定するものとして）受諾すると考えられる原理である。こうした原理がそれ以降のあらゆる合意を統制するものとなる。つまり、これから参入できる社会的協働の種類や設立されうる統治形態を、それらの原理が明確に定めてくれる。正義の諸原理をこのように考える理路を〈公正としての正義〉と呼ぶことにしよう。（第三節、一六頁）

また別の箇所では次のように言い換えられてもいます。

〈公正としての正義〉という考えを、分かりやすく（直観に訴えるかたちで）言い換えるとこうなる。正義の第一原理群を、適切に定義された初期状態における原初的合意の対象それ自体として考えることだ、と。こうした原理は、おのれの利害関心を促進しようと努めている合理的な人びとが、自分たちの連合体の基本条項を定めるために、この平等な地位にあって受け入れると考えられる原理に等しい。（第二〇節、一五九－一六〇頁）

これらの文章からわかるように、「公正としての正義」というのは正義について「考える理路」あるいは「～として考えること」であって、正義の原理そのもの（つまり利益と負担の割り当て方そのもの）ではありません。正義の原理について考える上でのアプローチの仕方、もっとざっくり言ってしまえば、正義の原理を見つける方法のことです。

ではその見つけ方とはいかなるものかと言えば、右の文章にあるように（そしてすでに論じたように）原初状態での選択を通じて正義の原理を見つけるというものです。そのようなアプローチを取ることで、私たちは単に特定の正義を押し付けるのではなく、誰の意見も優先しない「公正」な方法で正義を考えることができるというわけなのです。

したがって、ややこしいところですが、ここでいう「公正」は正義の原理が有する特徴ではなく、正義の原理を導出する方法が有する特徴であることになります。つまり公正＝

正義ではないのであって、だからこそ「公正としての正義」という言い方になっていると考えられます。

ロールズは「公正としての正義」の「公正」の意味について次のように述べています。

> 原初状態とは適切な〈契約の出発点をなす現状〉であって、そこで到達された基本合意は公正なものとなる、と言ってもよかろう。これが「公正としての正義」という名称のふさわしさを説明してくれる。つまり、この呼び名でもって伝えようとしているのは、公正な初期状態において合意されるものが正義の諸原理なのだとする考えなのである。（第三節、一八－一九頁）

このように公正さを重視する、社会契約論を現代的にアップデートしたアプローチこそが、「公正としての正義」という名前で呼ばれるところのものです。

ロールズの構想の特徴（一）——差別は認められないことをはっきり示す

ここまでの話で、正義の原理を適切に設計された合意によって導出しようとするロールズの正義の構想、すなわち「公正としての正義」という構想について、その要点を一通り述べてきたことになります。本章の残りの部分では、この「公正としての正義」がどのような特徴を持っているのかについて解説していきます。

まず、無知のヴェールの下で正義の原理を決定する、という枠組みそれ自体から、差別は認められないということが導かれます。なぜなら、すでに裕福な人と貧困にある人の対比や、男性と女性の対比を例として示したことからも明らかですが、自分がどのような立場におかれるかわからない中でルールを決めるという仕組みの中では、一部の人に大変な不利をもたらすルールが選ばれることはありえないからです。

私たちの暮らす社会には、残念ながら多くの差別があり、またその差別を肯定する主張もたくさんあります。たとえば、就職における女性差別は経済合理的である（女性は出産と育児のために長期休業するから労働力として使いづらい）とか、外国人に対する差別は自国民の団結のために必要である（それは「われわれ」の結束を高めることの裏面である）とかいった主張がなされています。そしてそういった主張には一見もっともらしいところがあり、それゆえに一定の支持を集めてしまうこともあります。しかしもし私たちが、みんなが納得できる正義を求めるならば、そういった主張は認められない、ということを、無知のヴェールのアイデアははっきりさせてくれます。それらは、誰かにとって受け入れられないものである点で、正義に反するものです。ロールズの言葉を借りれば、「人種差別を助長するような原理は道徳上の構想などではまったくなく、たんなる抑圧の手段に過ぎない」（第二五節、二〇三頁）のです。もちろん性別による差別なども同様です。

ロールズの構想の特徴（二）——党派性を乗り越える手がかりを与える

また別の話題に移りましょう。近年のネット上の有名なスラングの一つに「それってあなたの感想ですよね？」というものがあります。私はネット上の議論にはあまり詳しくないのですが、このスラングは議論の真剣さを茶化すものとして非常に有名なようです。つまるところそれはあくまで論争に勝つためのテクニックのようなのですが、他方でこのスラングには、一定の説得力があるのも事実だと思われます（だからこそ流行したのでしょう）。要するに、相手の主張が単なる主観的な発言であるとすれば、それには説得されない、という態度を示しているわけです。

たしかに、ある発言が単に当人の主観によるものであれば、それに従わなければいけないということにはなりません。相手が「弱者を救うべきだ」と述べたとしても、それが単に個人の感想として発せられたものなのだとすれば「それってあなたの感想ですよね、私は別に同意しませんけど」と切り返すことができるわけです。もしそれができないとしたら（つまり他人の主観的な感想に強制的に従わされざるをえないのだとしたら）、それはとても危険なことです。ある人の主観的な意見や要求（あるいは妄想）がそのまま他の人を支配するようなことはあってはなりません。

では、このスラングに対して、ロールズはどのように応答することができるでしょうか。実のところ、このような批判は「公正としての正義」にとっては大きな問題とはなりません。というのも、その構想は単なるロールズの感想ではないからです。もし原初状態から導出された正義の原理に対して、「それってあなたの感想ですよね？」と問われても、こう返すことができます。「いえ、単なる私の感想ではありません。自分のおかれた状況がわからないとすれば、私たちみんなが同意するであろうものです」と。

些細な言いがかりについての話をしているように思われるかもしれませんが、ここには「公正としての正義」の非常に重要な特徴が表れています。すなわち、公正としての正義は、党派性に基づいて提案されているものではないということです。第三章および第四章で詳しくお話ししますが、ロールズの「公正としての正義」から導かれる正義の原理、および具体的な社会のイメージは、現実政治に当てはめて考えると「リベラル派」の立場にかなり近いものになります。とはいえ、それを受け入れる理由は、その人がリベラル派であるかどうかに関係ありません。なぜならそれは無知のヴェールがかけられた公正な状況において、みんなが合意するはずのものだからです。

ここで「合意する」と断言することはできません（あくまで合意する「はず」のものです）。もちろんですが、現実に話し合いをすれば、合意したがらない人もいるでしょう。しかし問題は、そこにまっとうな理由があるかどうかです。たとえば、無知のヴェールの下では、貧困層への経済的支援が求められます。その理由は、自分がどのような立場にあるかわからなければそれを認めるだろうから、という「偏りのない」理由です。これに対して、自分は貧困層への経済的支援には反対だ、という人もいるでしょう。しかしその理由は何でしょうか。それが「自分は自分で稼いだお金を自分だけのために使いたい」という理由であれば、それは自分の都合を優先した、「偏った」理由です。そういった理由は、正義の原理を考える上で考慮すべき理由としてはふさわしくありません。というのも正義はそもそも現実の力関係を抜きにした、対等な取り扱いを規定するものだからです。

このように、原初状態からの導出というプロセスは、正義をめぐる合意が一方的な意見の押し付けにならないためのものです。このプロセスを通じて得られた見解は、決して「あなたの感想」ではありません。むしろ、誰かの感想によって正義が歪められないようにする上で、無知のヴェールはとても役に立つものだと言えます。

ロールズの構想への疑問（二）――民主主義の否定？

「公正としての正義」と民主主義との関係について改めて整理しておきましょう。ここまで読んだ人の中には、次のような疑問を抱いた人もいるかもしれません。無知のヴェールの下で、偏りのない形で政治を決定していくならば、民主主義が無意味になってしまうのではないか、と。民主主義とは、「こういう社会が望ましい」という、人それぞれの意見を汲み上げていくもののはずです。もし政治的な問題について無知のヴェールの下で決定するのであれば、話し合いも投票も必要なくなってしまうのではないでしょうか。

そのような心配は不要です。ロールズの議論はあくまで、社会の基礎構造をめぐるものであったことを確認しましょう。ロールズの構想する社会においても、具体的な政策の詳細、たとえば消費税を何％にするか、災害に対して給付金をどれくらい支給するか、移民をどれくらい受け入れるか、などの点については民主主義的に決定すべきとされます。しかし、そのような個別の議論においても、常に守られるべき最低限のラインがある、とロールズは考えます。なぜなら、人々の話し合いが無制約であれば、多数派や権力者が一部の人々を犠牲にするという不正義が許されてしまうからです。

したがって、そのような最低限のラインは、正義にかなったものでなければなりません。そして正義にかなったものであるためには、誰かの都合を優先するような形ではなく、公正な形で決定されなければなりません。たとえば、移民をどれくらい受け入れるかの詳細は民主主義的な話し合いで決めるべきであるとしても、移民の人権を保護しないような制度であってはならない、というわけです（もしかしたら自分が移民であるかもしれない、という無知のヴェールの下での思考においては、人権侵害は受け入れられないからです）。

このような考え方は決して珍しいものではなく、オーソドックスな立憲主義の態度です。すでに論じたように、ロールズは自身の正義の構想を立憲主義の構想として位置付けています。「公正としての正義」と民主主義との関係は、立憲主義の枠組みの中で理解すれば、決して民主主義を否定するものではないことがわかると思います。

ロールズの構想への疑問（二）——現実味のない綺麗事？

「公正としての正義」について大学の講義の中で学生たちに話すと、面白いしなるほどと思う、という好意的な反応も多いのですが、他方で次のような疑問もよく出てきます。誰の立場からでも納得できるルールにしよう、というのはたしかによい考え方だと思うけれど、それは理想的すぎるのではないでしょうか？　現実の政治においてはやっぱりみんな自分の都合を優先してしまうのではないでしょうか？

実のところ、個々の人間から見ると、ロールズの言う意味で正義にかなった社会というのは、必ずしも自分にとって「最善」の社会ではありません。もっとよい社会の仕組みがあるはずだと考える余地があります。たとえば、才能に恵まれていて健康で活力に満ちている人は、努力した分だけ成果がどんどん大きくなっていく、新自由主義的な競争社会のほうが毎日を楽しくいきいきと暮らせるかもしれません。あるいは、ある特定の宗教Aに深く帰依している信心深い人にとっては、その宗教を国家が保護し、周りの人もみなその宗教を大事にして生きている社会のほうが心穏やかに暮らせるかもしれません。要するに、ある人にとって最も生きやすい社会は、その人の境遇や価値観にマッチした社会であるわけです。

しかし人間には多様性があります。新自由主義的な競争社会は、ハンディキャップを抱えた人にとっては大変にしんどい社会でしょう。ある宗教Aが社会のあり方を規定している社会においては、別の宗教を信じる人は居場所がないと感じるでしょう。すなわち、ある人にとって「理想的」な社会は、別の人にとってはまったく理想的ではない、ということがありうるわけです。

そのようなすれ違いに、必ずしも悪意があるとは限りません。他人を踏み台にしようという悪意に基づいて社会を構想しようとはしていなくとも、端的に価値観が違う以上、自分にとって最善の社会とは、他人にとって害の大きな（場合によっては最悪の）社会であるかもしれません。なぜなら、繰り返しになりますが、人間には多様性があるからです。

ロールズは、誰かが別の誰かの犠牲にされることがないという意味での正義を実現するための方法を模索します。決して、最も心地よく生きられるという意味で「理想的な」社会をつくり出そうとしているわけではありません。むしろ、ある個人にとって理想的な社会を追求することははっきり放棄します。そうではなく、誰にとっても生きづらくない社会を追求するのが、ロールズの「公正としての正義」の試みなのです。そしてその追求はつまるところ「正義」がその本来の意味において求めるところでもあります。

したがって、ロールズの正義のルール（その具体的な内容は次章でお話しします）に対して、それよりももっとよい社会のルールがある、と個人的に感じるのは、ごく自然なことです。ロールズはあくまで、誰もが生きづらくない社会のルールを追求しているからです。

ロールズの構想よりももっとよい社会のルールがあるのではないかと感じる人は、同時にこう問い直してみるべきです。そこで念頭におかれている「もっとよい社会」というのは、自分とは別の考え方を持っている人にとってもよい社会なのか、と。もしかするとその理想社会は、自分とは別の人生観を抱く人々にとってはむしろ望ましくないものであるかもしれません。もしそうならば、それは正義にかなった改善の提案とは必ずしも言えないことになります。

ロールズの「公正としての正義」が目指す社会は、すべての人が何不自由なく幸せに暮らす理想郷のようなものではありません。その社会でも、多くの人は個人的なレベルでいくつかの不満を抱くでしょう。その社会は「自分にとって」最も都合のよい社会ではないからです。しかしその社会は「誰にとっても」致命的な問題はない社会です。ロールズが目指す正義にかなった社会が理想的であるとは、このような意味においてなのです。それは薔薇色の綺麗事などではありません。むしろ、人々が多様であるという現実を見据えた上でなお、正義をぎりぎりで成立させるための、苦心の末のアイデアだと言えるでしょう。

第三章　自由と平等のための正義を組み立てる

——正義の二原理

前章の内容の確認

第二章では、ロールズが『正義論』の中で、「公正としての正義」という構想を提示したことを見てきました。それは、公正なスタート地点（すなわち原初状態）において人々が納得して同意できる原理こそが、正義にかなった社会のあり方を規定するのにふさわしいものである、という構想でした。

さて、この正義の構想は、二つのパートから成り立っています。一つは「公正なスタート地点における合意」とはどんなものかを明らかにすること、もう一つはそこから導かれる「正義の原理」はどんなものかを明らかにすることです。この二つの要素が別々のものであることは、ロールズ自身によって、議論の早い段階ではっきりと述べられています（なお以下の引用の中の「契約説」というのは社会契約論のことです）。

> 公正としての正義が（それ以外の契約説的な見解と同様に）次の二つの部分から成り立っているという点を、この手始めの段階から強調しておくとよかろう。すなわち、（1）初期状態およびそこに課せられている選択問題の解釈、（2）そこで合意される一組の諸原理の論証、である。（第三節、二二頁）

第二章において見てきたのは、この二つのうち前者、つまり公正なスタート地点における合意の問題でした。この問題に対するロールズの解答は、「無知のヴェール」によって個々人のおかれた立場の有利・不利が一時的に消去された状況における合意こそが、公正なものとみなすにふさわしい、というものでした。

第三章で見ていくのは、二つのうち後者、つまり公正なスタート地点において選ばれる正義の原理は具体的にどのようなものなのか、という問題です。これは言い換えれば、ロールズ自身の提示する正義のルールの内容はどんなものか、という問いです。引き続き、丁寧に見ていきましょう。

正義の二原理の定式化

ロールズは、原初状態（改めて確認すれば、正義の原理を選ぶに値する公正な初期状態のこと）において、人々は次のような「正義の二原理」に合意するだろう、と論じます（なお、正義の二原理は『正義論』において複数回、各々の場面の議論の進度に合わせて微妙に異なった形で提示されています。ここではひとまず、最も単純に提示されている一番最初の定式化を見てみます）。

第一原理　各人は、平等な基本的諸自由の最も広範な制度枠組みに対する対等な権利を保持すべきである。ただし最も広範な枠組みといっても他の人びとの諸自由の同様な制度枠組みと両立可能なものでなければならない。

第二原理　社会的・経済的不平等は、次の二条件を充たすように編成されなければならない——（a）そうした不平等が各人の利益になると無理なく予期しうること、かつ（b）全員に開かれている地位や職務に付帯すること。（第一一節、八四頁）

正義の二原理というその名前から予想されるように、二つの原理から構成されています。それゆえ、「正義の二原理の第二原理」というような、いささかややこしい言い方がされますので、頭の中でこんがらがることのないように気をつけてください。

さらに、この二つの原理には明確な優先順位があります。

二つの原理は、第一原理が第二原理に先行するという逐次的順序に従って配列されねばならない。この順序づけは、第一原理が保護する平等な基本的諸自由の侵害は、社会的・経済的利益の増大によって正当化されえない（あるいは補償されえない）ということを意味している。（第一一節、八五頁）

以上の文章は非常に入り組んでいて、これを読んだだけではよくわからないというのが一般的な反応でしょう。筆者も初めて読んだときはちんぷんかんぷんでした。この「正義の二原理」について以下、詳しく解説していきたいと思います。

厳密な優先順位が求めるもの——経済に対する自由の優位

二つの原理の説明に入る前に、二つの原理のあいだの優先順位について先に説明しておきましょう。ここで述べられているのは、まず第一原理が履行されることが優先的な問題であり、それがなされるまで第二原理についてはいったんおいておく、ということです。言い換えれば、はじめに第一原理が履行された後に、それを覆すことがない範囲内において、第二原理が履行される、ということです。

文章にするとなんだか小難しく思えるかもしれませんが、二つの条件を厳格に順番通りに（つまり「逐次的順序に従って」）当てはめることは、スポーツの世界などでよく見られるものです。複数のチームが参加するリーグ戦を考えてください。「いちばん多く勝利したチームが優勝するが、もし勝利数が同数の場合には得失点差で判定する」という形で運営されることはよくあります。このとき、二つ目の条件（得失点差）による判定が一つ目の条件（勝利数）による判定を「覆す」ことはありません。たとえば、チームAが三勝、チームBが二勝、チームCが一勝、チームDが全敗しているなら、たとえチームBが全試合の合計でチームAの二倍の得点を取っていたとしても、優勝するのはチームAです。一つ目の条件（勝利数）において勝っているからですね。得失点差が問題になるのは、あくまで勝利数の条件が考慮された後のことです。これがまさしく、二つの条件を厳格に順番通りに適用するという事例です。ロールズが二つの原理のあいだに設定する優先順位も同じ仕組みです。

では、二つの原理のあいだにこのような優先順位づけがあるということは、いったい何を意味するのでしょうか。それは、ロールズもはっきり述べていることですが、**基本的な自由が経済的な利益のために犠牲になることは認められない**、ということです。

> 自由の優先権は次のことを意味している。すなわち、基本的な諸自由が実効的に確立されうるときはいつでも、経済的な暮らしよさの増進のために自由の削減もしくは不平等な自由を受諾することはできない、と。（第二六節、二〇七頁）

詳しくはこれから見ていきますが、第一原理は人々の基本的な自由を、第二原理は人々のあいだでの社会的・経済的な利益の割り振りを、それぞれ規定しています。したがって、第一原理が第二原理に優先するということは、得失点差に基づく順位づけが勝利数に基づく順位づけを覆すことがないのと同じように、社会的・経済的な利益をめぐる判断が基本的な自由の平等という要請を覆すことはない、ということを意味しています。つまるところ、基本的な自由の平等な保証こそが最優先事項だということです。

第一原理が求めるもの——すべての人の対等な自由

さて、それでは改めて、二つの原理のそれぞれの内容へと話を進めていきましょう。原理の内容について説明することと併せて、そのような原理がなぜ原初状態において（つまり無知のヴェールの下で）選ばれるのかについても確認していきたいと思います。

まずは第一原理から。こちらが述べていることはかなりシンプルで、**基本的な自由をすべての人に平等に保証しなければならない**、ということです。この主張そのものに複雑なところはまったくありません。

第一原理について論点となるのは、そこで言われている「基本的な諸自由」とは具体的に何なのか、という点でしょう。ロールズは次のようなものを挙げています。

〈政治的な自由〉（投票権や公職就任権）と〈言論および集会の自由〉、〈良心の自由〉と

〈思想の自由〉、心理的抑圧および身体への暴行・損傷からの自由（人身の不可侵性）を含む〈人身の自由〉、〈個人的財産＝動産を保有する権利〉と法の支配の概念が規定する〈恣意的な逮捕・押収からの自由〉。第一原理は、こうした諸自由が平等に分かち合われるべきだとする。（第一一節、八五頁）

このように列挙されると、なるほどたしかに、どれも「基本的」な自由・権利であると納得できるでしょう。とはいえ、どうにも全体像がつかみづらいところがあることもたしかです。そこで、もう少しまとまりのある理解を試みます。これはロールズが述べていることではないので筆者なりの理解になるのですが、第一原理が規定している権利とは、「その自由を行使することが他人の自由と衝突することは基本的にない」というタイプの自由だと見ることができます。言い換えれば、他の人に同様の権利を認めても、それによって自分の権利が減ることは基本的にない、というタイプの自由です。

例として、右に引用したリストの冒頭にある投票権を見てみましょう。私が投票権を持つことで、他の誰かの、たとえば妻の投票権が減ることになるでしょうか。そんなことはありません。妻も妻で投票権を持っていて、それは私の投票権とは無関係のものです。投票権というのは、たとえばテーブルの上のクッキーのように、誰かが食べればその分だけ別の人の取り分が減るというものではありません。思想の自由についても同様です。私が思想の自由を認められ、特定の宗教を信じるからといって、妻の思想の自由には何の影響もありません。ロールズが「対等な権利を保持すべきである」と述べているときに念頭におかれているのは、こういったタイプの自由だと考えられます。

しかしもちろん、それらの権利についても、他人と衝突することがまったくないわけではありません。例として、ロールズの挙げる「言論および集会の自由」について見てみましょう。基本的には、私が自分の考えていることを（いままさにこの文章を書いているように）形にしたところで、他の誰かが文章を書くことが認められなくなるわけではありません。また私が（この文章を書く前段階でそうしたように）ロールズについての勉強会を開いたところで、他の誰かが同様の勉強会を開くことが認められなくなるわけではありません。しかし、たとえばヘイトスピーチのように、他人の自由を否定する形で表現の自由が用いられることはあります。また勉強会のルールとして、一度参加したら離脱してはいけないとか、他の勉強会と掛け持ちでの参加は認めないとかいった決まりをつくるとしたら、所属しているメンバーの自由は制限されてしまいます。

したがって、「対等な権利を保持すべき」という要求は、それらの権利が一方的に行使されてはならない、という要求とセットにならなければなりません。少し堅い言い方をすれば、権利は他人の対等な権利を侵害しない範囲で行使されなければならない、ということです。この点を規定しているのが、第一原理後半の「他の人びとの諸自由の同様な制度枠組みと両立可能なものでなければならない」という条件です。

まとめれば、第一原理が意味しているのは次のようなことです――互いの自由が必ずしも干渉しないようなタイプの自由に関しては、互いの権利を侵害するようなことがない範囲で、すべての人に対して平等に保証されるべきである。

第一原理が選ばれる理由――生き方とは無関係な大切さ

さて、以上のような内容を持つ第一原理ですが、これが無知のヴェールの下で選ばれると、なぜ言えるのでしょうか。その論理はとてもシンプルです。すでに述べたように、第一原理が要求する基本的な自由は、原則として互いに干渉しません。であれば、自分が社会内のどの立場にあるかわからないなら、それを認めるほうがよいことになるのは明らかです。どの立場だとしてもその恩恵を受けられるからです。

ここで仮に、相対的に恵まれた立場と恵まれていない立場の二パターンについて、無知のヴェールの下で場合分けして考えてみます。もし自分が恵まれた立場にあるとするならば、基本的な諸自由が守られている社会のほうがよいでしょう。たとえば「恣意的に逮捕されない自由」などは必ずしもお金や権力で手に入るとは限りません。次に、もし自分が相対的に恵まれていない立場にあるとしたらどうでしょうか。それでもやはり、基本的なもろもろの自由が守られている社会のほうがよいでしょう。基本的な自由はそういった立場にある人にとってこそ価値あるものだからです。さらに、いずれの立場においても、基本的な自由を全員に認めたからといって、損するということはありません。他の人々の自由を認める分だけ自分の取り分が減る、ということはないからです。

こうして、自分が社会内のいずれの立場に立つことになるとしても、基本的な自由はすべての人に守られているべきだ、というルールに同意することが合理的な判断になります。第一原理は無知のヴェールの下で正当化される、という主張は、以上のような論理に基づいています。

そもそも基本的な自由というものは、どんな生き方をするにしても、常に必要になるものです。個人的な趣味の世界に没頭する人生を生きるにしても、積極的に社会参加していく人生を生きるにしても、あるいはやりがいのある仕事に打ち込んで生きるにしても、基本的な諸自由が不要だということはありえません（たとえば、「恣意的に逮捕されない自由」がなければ、このうちのいずれの生き方も、安心して続けていくことはできません）。多様な生き方の余地を認める意味でも、原初状態にある人々には第一原理を選ぶもっともな理由があります。

この理由は、原初状態において第一原理が選択されることの理由であると同時に、それが最優先の原理として選ばれることの理由でもあります。右に挙げたような基本的な自由が与えられない生活は、他の条件がどれだけよくても（たとえば所得が非常に高いといったことがあっても）受け入れられるものではありません。自分が帰依する宗教を信じることが許されなかったり、いつ理由なく警察に拘束されるかわからなかったりする生活を、私たちはお金や地位と引き換えにして受け入れることはないでしょう。それでは失われるものが大きすぎるのです。それゆえ、無知のヴェールの下で正義の原理を考えるならば、何より先に、基本的なもろもろの自由が平等に守られることを求めるものとみなすことができます。

第二原理が求めるもの（一）——衝突が避けられない自由の調停

第一原理がすべての人に認める自由とは、「その自由を行使することが他人の自由と衝突することは基本的にない」というタイプの自由、いわば他人とあまりバッティングしないタイプの自由であると、先に述べました。ではこれとは別のタイプの自由、すなわち、その自由を行使することが他人の自由を減らしてしまうような自由とは、どのようなものでしょうか。これは典型的には、経済的な所有物や社会的な地位などに関する自由です。

たとえば、世の中の財のたいていのものは、誰かが消費してしまえば、他の人はもうそれを消費することができなくなります。先に挙げたクッキーの場合のように、別の人がそれを食べてしまえば、他の人は食べられないわけです。また地位についても同様であり、ある人が部長に昇進すれば、他の人は部長になれません。

この議論は社会的・経済的な不平等の話につながっていきます。というのも、総量が決まっていて取り合いが生じてしまうような物事について、一部の人が他の人よりも多く持っているということが、社会的・経済的な不平等の正体だからです。

現代の日本において生活水準の平等はまったく達成されていません。すなわち、豊かな生活を送っている人もいれば貧しい生活を送っている人もいます。このような不平等が生じるのはなぜかと言えば、生活を支えるもろもろの財のほとんどは、誰かが消費すれば他の人は消費できなくなるというものだからです。取り合いが生じてしまうような物事については、それに対する自由を単純にすべての人に平等に認めるべきだ、と言って問題が解決することはありません。したがって、それらがうまく調停されるように、何かしらの工夫を凝らす必要があります。まさにその工夫をなすのが、正義の二原理のうちの第二原理の役割となります。というわけで、次は第二原理について見ていきましょう。

第二原理が求めるもの（二）——不平等の許容範囲の確定

第二原理についてのロールズの記述をもういちど確認しましょう。

　第二原理　社会的・経済的不平等は、次の二条件を充たすように編成されなければならない——（a）そうした不平等が各人の利益になると無理なく予期しうること、かつ（b）全員に開かれている地位や職務に付帯すること。（第一一節、八四頁）

第二原理はいささか複雑な構造になっています。どういう構造かというと、まず原理の要求するところが示された上で、その要求の適用に関する条件が二つ述べられる、という構造です（つまり三つの要素から構成されています）。

第二原理の一文目は、社会的・経済的不平等は、特定の条件を満たさなければならない、と述べています。文章としては不平等が問題になっていますが、その内実は平等を要求するものだということに注意してください。経済的不平等はAという条件を満たさなければならない、ということは、ひっくり返せば、Aという条件を満たさない社会的・経済的不平等は認められない、ということを意味するわけです。つまりこの第二原理はまず、**不平等は原則として認められないと**いう主張からスタートしています。

このような不平等の否定は、原初状態において魅力的な選択肢となるのでしょうか。無知のヴェールの下で考えた場合、私たちは不平等を拒否するルールを選ぶだろう、と考えることは、自然な理解だと言えます。というのも、無知のヴェールをはずしたときに自分が不平等の不利な側（格差のうちの劣位の側）にあるというのは、明らかに受け入れたくないことだからです。自分がどの立場にあるのかわからないのであれば、不平等はなるべく小さいほうがいい、と人々は考えるでしょう。こうして、自分が社会内のいずれの立場に立つことになるとしても、社会的・経済的な不平等は原則として認められない、というルールに全員が同意できる、と「ひとまず」言えることになります。

しかしこの「ひとまず」がポイントです。以上の論理から、あらゆる不平等を取り除いた完全な平等が望ましい、という結論にいたるのは、さすがにちょっと行き過ぎなのではないか？　と思うのは、おそらくは普通の反応です。すべての人がまったく同じだけの所得や財を持つ社会というのは、あまりよいものとは思えないかもしれません。たしかに、極端な不平等が存在することは避けたいと考えるのは理にかなっているでしょう。ですが、そこそこの不平等は認めて、頑張った人はその分だけ他人よりも少し豊かな暮らしをしてもいいのではないか、と考えるのもまた共感できることです。

このような疑問をふまえてロールズは、完全な平等だけを認める立場を取らずに、ある程度は格差が認められる方向に原理を変形していきます。すなわち、不平等の否定からスタートしながらも、**許容できる不平等の範囲を定める**のです。この範囲の内側に不平等を収めることが、第二原理の要求するところとなります。

第二原理が求めるもの（三）――最も恵まれない人への注目

それでは、許容できる不平等とはいかなるものなのかを見ていきましょう。ロールズは二つの条件を提示しています（引用文におけるaとbのことです）。

まず一つ目の条件から見ていきます。引用文を確認すれば、「そうした不平等が各人の利益になると無理なく予期しうること」という条件です。このままではだいぶ曖昧ですが、これは『正義論』の少し後のところで、「そうした不平等が最も不遇な人びとの期待便益を最大に高めること」と書き換えられます（第一三節、一一四頁）。嚙み砕いて言えば、最も恵まれない人々にとって利益になる不平等であれば許容される、ということです。この条件をロールズは「格差原理」と名付けます。格差の正当化に関する原理、を縮めた言い方だと捉えると覚えやすいかもしれません。

とはいえ、最も恵まれない人々にとって利益になる不平等とは、いったい何のことでしょうか。これを説明するために、簡単な数値例を出します。AさんとBさんの二人がいて、いずれも年収は一〇〇〇万円だとします。平等な状態ですね。次に、この状態から、Aさんが年収一五〇〇万円、Bさんが年収五〇〇万円の状態に移行するとしましょう。この移行によって、二人のあいだの格差は広がっています。不平等が生じているということです。なぜそのような移行が生じたのかという背景についてはひとまずおいておいて、数値だけを見れば、大抵の人はこの移行を好ましくないものとみなすでしょう。私たちが通常「格差社会の深まり」という言葉でイメージするのは、このようなケースです。

しかし、格差はこのようなものばかりではありません。ここで仮に、二人とも年収一〇〇〇万円の状態から、Aさんが年収一五〇〇万円、Bさんが年収一二〇〇万円の状態に移行するとしましょう。先ほどと同様に二人のあいだの格差は広がっていますが、このような移行が好ましくないとは考えづらいでしょう。格差は広がっているものの、Bさんもまた、年収が上がっているからです。これが、ロールズのいう「最も恵まれない人々にとって利益になる不平等」のイメージです。ロールズは、このような不平等については認めてもよい、と考えているわけです（次ページ、図1）。

なお、そのような都合のよい不平等があるのか、と思われるかもしれませんが、たとえば有名な「トリクルダウン」という考え方がこれに該当します。トリクルダウンとは、豊かな人々が経済活動を通じてより豊かになると、そのことが経済全体を活性化させ、それ

①恵まれない人にとって利益にならない不平等（よくある不平等）

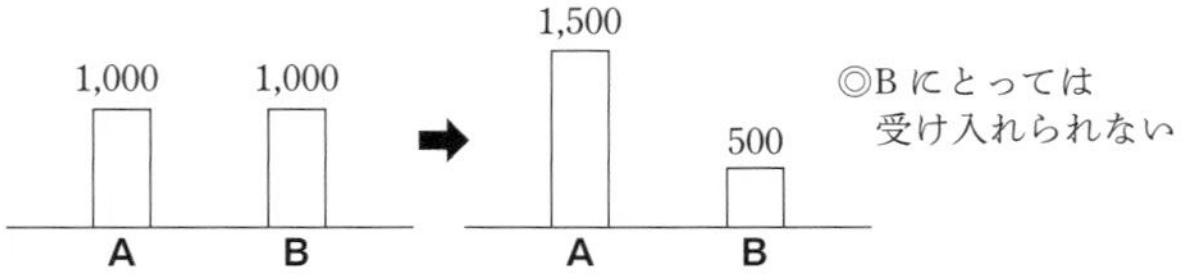

②恵まれない人にとって利益になる不平等

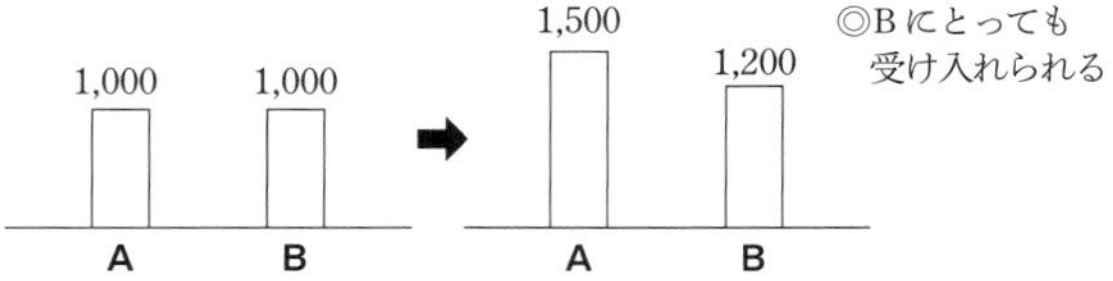

図１　２つの不平等

ゆえ貧しい人々の生活も向上する、という考え方です（現実にトリクルダウンが生じたかどうかは論争的ですが、考え方としてはそういうことです）。

　最も恵まれない人々にとって利益になる不平等については認めてもよい、という見解は、妥当なものだと言えるでしょう。何せ、このような不平等を認めないということは、誰の得にもならないことだからです。もしそのような不平等まで認めないとしたら、たとえ平等が実現したとしてもその実、最も不利な状況にある人々の生活までもがいっそう悪化してしまうことになります。

　誰の得にもならないということは、無知のヴェールの下では選ばれないということです。もし仮に自分が相対的に恵まれた側であるならばもちろんのこと、反対に恵まれない側だったとしても、最も不利な状況にある人々の生活を悪化させるようなルールを選ぶということは合理的ではありません。それゆえ格差原理についても、無知のヴェールの下で人々が納得して合意するだろう、と結論することができます。

第二原理が求めるもの（四）——等しく開かれたチャンス

とはいえ、最も恵まれない人々にとって利益になる不平等を認めることは常に望ましいことだ、と拙速に言い切ってしまうことには、実は問題があります。そのような不平等を認める社会にはさまざまなタイプが考えられますが、その中には正義にかなったものとは言えないものも含まれる、というのがその問題です。

次のような社会を考えてみてください。その社会は、生まれつき裕福であり教育を通じて能力を高めることができる貴族と、生まれつき貧しく低いスキルしか持てない平民という二種類の人々から成り立っている。そして貴族が平民を低い賃金で雇い、さまざまな生産を効率的に行っている。平民は基本的な権利を認められている（したがって奴隷ではない）が、生活水準は貴族のほうが平民よりもずっと高い。とはいえ、平民の生活もまた貴族の下で働くことによっていくぶんか向上しているのであり、もし貴族ぬきに平民だけで生産を行おうとすれば、生産性は落ち、それゆえ生活水準も悪化してしまう。

このような社会のあり方は、前述の格差原理のみから考えた場合、受け入れられるものとなります。階層的な不平等が存在することによって、最も恵まれない人の生活も向上しているからです。

しかしこのような社会の仕組みは明らかに、平民にとっては魅力的なものではありません。というのも彼らは劣位にある地位におかれることを一方的に強いられているからです。このような社会は正義にかなっているとは言えません。「協働の冒険的企て」であるところの社会の、その利益が一部の人に固定的に確保されてしまっているからです。また、このような社会の仕組みが無知のヴェールの下で選ばれることはないでしょう。というのも、この社会における平民の立場におかれる可能性があるとわかっていたら、人々はもっと平等な別の社会のほうがよいとみなすだろうと考えられるからです。

では、格差原理を機能させつつ、このような階層的な社会を回避するためにはどのような条件をつければよいでしょうか。この社会の問題は、人々の受け取る経済的な利益の偏りが固定化されてしまっていることにあります。だとすると、階層的な社会を避けるためには、人々が職業をはじめとする社会的地位に対して等しくアクセスできることが必要だ、ということになるでしょう。

こうして導かれるのが、正義の二原理における二つ目の条件です。ロールズ自身の記述を確認すれば、「全員に開かれている地位や職務に付帯すること」という条件です。地位や職務に付帯する、という言い方はわかりづらいですが、要するに、その格差を生み出す地位や職務が一部の人に占有されていない（＝全員に開かれている）、という意味です。こちらの条件は、「公正な機会均等の原理」と呼ばれます。

第二原理のまとめ

この公正な機会均等の原理が、先に論じた格差原理と組み合わせられることによって、正義の原理の中で許容される不平等の内実がはっきりしてきます。すなわち、**最も恵まれない人々にとっても利益になる**ようなものであり、かつ**それを生み出す地位や職務が専有されたものではない**ような、そういった不平等であれば、許容することが正義にかなう、ということになります。

不平等を許容する、と言うと、なんだか平等の理念に逆らうように見えるかもしれませんが、そんなことはありません。すでに見たように、第二原理は、不平等は認められないということを原則としています。一定の条件を満たした不平等のみ許容するということは、この条件を満たさない不平等は一切認められないということを意味します。ロールズは決して不平等に対して優柔不断に譲歩しているわけではありません。あくまで無知のヴェールの下での合意に基づく正義の観点から、不平等の範囲を厳格に定めているのです。

ロールズがこのように一定の不平等を許容しているのは、おそらく彼が、格差がなくなればそれで問題が解決するわけではないと考えているからです。人々のあいだに経済的な格差が存在することは、不正なことです。しかし、ロールズの考える正義にとって大切なのは、「協働の冒険的企て」であるこの社会の中で、誰かが誰かを犠牲にするようなことがないこと、そしてみなが協働による豊かさを公平に受け取れることです。経済的な格差の縮減は、このような正義を実現するための手段の一つに過ぎません。経済的な格差そのものを目の敵にすることは的を外しています。

格差原理と公正な機会均等の原理という二つの条件は、一見したところ原理をやたらと複雑化させ、また不平等に言い訳を用意するようなものと思われるかもしれませんが、そうではありません。経済的な不平等を、あくまで正義の観点から検討したことによって提起された条件であり、その意味において正義の二原理の不可欠の要素なのです。

第四章　自由な生活に必要なものを見極める

――自尊の社会的基礎

第一章から第三章の内容の確認

ここまで私たちは、『正義論』において論じられている正義の意味とその対象（第一章）、正義の原理を原初状態において選択するという考え方（第二章）、そして原初状態を通じて正当化される具体的な正義の原理（第三章）について、三ステップで見てきました。改めて整理すれば、ロールズの議論は次のようにまとめることができます。

人々が正義について多様な価値観を持っている現代社会においては、なんであれ社会正義をめぐる特定の考え方を一方的に押し付けるわけにはいかない。しかし正義なしでやっていくこともできない。そこで、誰もが自分の都合を押し付けることができないような公正な状況で合意できるもの、という形で正義の原理を考え直したい。そのような状況で合意される原理とは、平等な自由を尊重しつつ、最も恵まれない人の利益になるように社会の豊かさを開かれた形で分かち合うことを要求するものである。この原理に従って社会の基礎構造を組み立てることで、私たちは誰もが納得できる「正義」にかなった社会に生きることができるようになる。

こうして、ロールズの『正義論』における議論の骨子は、一通り確認できました。とはいえ、ここまでの議論は抽象的な原理や思考実験についての話ばかりで、私たちの生活につながる手触りがあまりないのもたしかです。そこで第四章では、人々の自由な生活のためには何が必要だとロールズは考えていたのかについて、論じていきたいと思います。

第四章のキーワードは「自尊心」です。自尊心というと個々人の心のありように関するものであり、社会正義とはちょっと距離があるように思う人も多いかもしれません。しかし実のところ、自尊心と正義の関係について、ロールズは非常に興味深いことを論じています。そしてその議論は、ロールズの思想を理解するための鍵の一つになっています。

尺度の問題——人々の状況の良し悪しをどう判断するのか

正義の二原理においては、最も恵まれない人々に焦点が当てられていました。「格差原理」の説明を思い出してください。社会的・経済的な不平等が認められるとすれば、それは最も恵まれない人にも利益になるような場合だけである、とロールズは述べたのでした。

さて、この要請については、ごく自然に、次のような疑問が浮かびます。たしかに最も恵まれない人の状況に注目することは大切なことかもしれません。けれど、そもそも最も恵まれない人とは、いったい誰のことなのでしょうか。

人々がおかれた状況の良し悪しを判断する方法はいくつかあります。最も素朴な見解は、所得が多いか少ないかで判断する、というものでしょう。所得が多いほど恵まれているし、逆もまた然り、ということです。この見解には一定の説得力がありますが、しかしよくよく考えてみるとうまくいきません。というのも、所得と生活の豊かさは必ずしも一致しないからです。たとえば、所得は少なくても健康で多くの友人と仲良く日々を過ごし、人生に幸福を感じている人と、所得は多いけれど持病があって日々小さくない苦痛があり、満足に出歩くこともできず、それに応じて友人との交流も少なく孤独に陥っている人、どちらの境遇が恵まれているかと言えば、判断に悩むところです。少なくとも、所得が多ければ恵まれていると単純に言い切ることができないのは明らかでしょう。

このように考えていくと、何をもって恵まれていると判断するのかという判断は、個々人の価値観に大きく左右されるものであることがわかります。右の例では友人との交流に言及しましたが、友人がいなければ恵まれていない、という判断は誰もが納得できるものではないかもしれません。もっと問題含みの例を挙げれば、結婚していない人は恵まれていない、という主張については、賛成と反対の立場に大きく割れるでしょう。

人々がおかれた境遇の良し悪しの判断が、価値観の影響を大きく受けるものなのだとすれば、正義の二原理にとって、人々の境遇のよさを判断する基準の設定は難問であることになります。人々の多様性を尊重するロールズの方針からすれば、境遇の良し悪しの基準は誰の価値観とも無関係なものでなければなりません。どうすれば、個々人の価値観から独立した形で、境遇の良し悪しを判断できるのでしょうか。

社会的基本財（一）――誰もが欲するものに注目すればよい

ロールズはこの難問を、「社会的基本財」という概念を導入することで解決します。まず「基本財」とは、「合理的な人間であれば誰でもが欲すると推定されるもの」のことです（第一一節、八六頁）。たとえば「所得」は、それをどのような形に用いるにせよ、誰にとっても有用なものであり、誰もが欲するだろうと推定できます。それゆえ所得は基本財のうちの一つです。

そして基本財のうち、社会制度を通じてコントロールされるものが「社会的基本財」です。「所得」が各人にどのように与えられるかは、雇用のルールや社会保障政策などを通じて決定されています。言い換えれば、社会制度を変更することで、その割り当てを変更することができます。この意味で、「所得」はまさしく社会的基本財の一つになります。

社会的基本財とは異なり、社会制度によってコントロールできない基本財ももちろんあり、ロールズはそれらを自然的基本財と呼びます。自然的基本財の例としては、健康や体力が挙げられます。健康であったり体力があったりすることは、どのような目的を目指すにせよ、誰にとっても有用なものであり、誰もが欲するだろうと推定できるでしょう。とはいえそれらは所得のように、誰かの取り分の一部を誰かに譲るというようなことができるものではありません（子どもが風邪を引いたとき、私の健康を子どもにちょっと分けてあげる、ということができたらいいのですが、残念ながら不可能です）。もちろん健康につながる主な要因、たとえば食事や医療アクセスは社会制度を通じてコントロールすることができます。したがって、それらは社会的基本財となります。しかし健康そのものは、直接に動かすことができません。「自然本性的な財をどのように所持しうるかは基礎構造の影響をこうむるけれども、それらの財そのものは基礎構造の直接的な統制下におかれているわけではない」（第一節、八六頁）というわけです。

というわけで、社会的基本財とは、社会の基礎構造にとって直接に問題となる（つまりは正義が直接に問題としうる）基本財のことです。この社会的基本財に注目することで、人々の境遇のよさを特定の価値観に依らずに判断できるとロールズは考えます。

　ところで前述の通り、基本財は〈合理的な人間が他に何を欲していようとも、必ず欲するだろうと想定されるもの〉である。個人の合理的な計画の詳細がどのようなものであるかに関わりなく、その持分が少ないよりも多いほうを選好されるものがいくつか存在すると想定される。そうした財をより多く持つ人間は、自らの意図を実行したり自らの諸目的を促進したりする上で、通常より大きな成功を保証されうるだろう。
（第一五節、一二四頁）

よりはっきりと、次のように述べている箇所もあります。「基本財のねらいは、きわめて多様な種類の目的を含んだ合理的な人生計画の一部をなすものとして、通常は欲される財の集合を定義するところにある」（第四一節、三五一頁）。社会的基本財をより多く持つほど、その人はその人なりの人生プランを実行に移す上で有利です。であれば、社会的基本財が最も少ない人は、人生プランを成功させる見込みが最も小さい人、つまりは最も恵まれない人だとみなすことができる（しかも特定の価値観を想定せずにそうできる）、というわけです。

社会的基本財（二）——権利・自由・機会・富・自尊心の基礎

では、この社会的基本財とは具体的にどのようなものなのでしょうか。ロールズは五つのものを挙げます。すなわち、権利、自由、機会、所得と富、そして自尊の社会的基礎です（第一一節、八六頁／第一五節、一二四頁、なお翻訳では「自尊」とされていますが、以下では適宜「自尊心」と書き換えます）。

最初の四つが社会的基本財であるということについては、異論はないでしょう。もろもろの権利や自由、機会、そして所得と富を持っていることは、その人が人生の中で何に価値をおいているかに関係なく重要なものです。また、それらは社会制度を通じて配分をコントロールできるものです。

しかし五つ目の、自尊の社会的基礎は、読んだだけでピンとくるものとは言えません。いったい何のことだかわかりづらい言葉ですが、それにもかかわらず、ロールズはこれを何度も「最も重要な基本財」と述べています（第六〇節、五一九頁／第六七節、五七七頁／第八〇節、七〇〇頁）。以下、自尊の社会的基礎という基本財について、詳しく見ていくことにしましょう。

まず、ここで自尊心そのものではなく、その「社会的基礎」について論じられているのは、自尊心それ自体は人から人へと移動できるものではないからです。先に挙げた健康と同じように、私の自尊心が足りないので、誰かから自尊心をちょっと分けてもらう、ということはできません。では自尊心について社会制度は何もできないかというと、そんなことはありません。自尊心を支える社会的基礎であれば、社会制度を通じてコントロールできる、とロールズは考えます。この意味で、自尊の社会的基礎は社会的基本財とみなすことができます。

自尊心の分析（一）――自尊心がなければ自由になれない

では、自尊の社会的基礎とはいったいどのようなものでしょうか。これについて考える前に、まず、そもそも自尊心とは何のことなのかをはっきりさせておく必要があります。自尊心についてロールズの述べていることを見てみましょう。

私たちは自尊（もしくは自己肯定感）を二つの側面を有するものとして定義することができよう。第一に、〔…〕自尊は自分自身に価値があるという感覚を含んでいる。すなわち、自分の善についての構想、つまりおのれの人生計画は、遂行するに値するという揺るぎない確信を自尊は含んでいる。そして第二に、自分の能力の範囲内にある限り、おのれの意図が実現できるという自己の才能に対する信頼を、自尊は含意している。自分の計画にはほとんど価値がないと感じるとき、私たちはその計画を喜んで追求することはできないし、またその計画の遂行を楽しむこともできない。失敗や自己不信によって悩まされることがない場合にのみ、私たちは自分の目的に向かう努力を継続することができる。（第六七節、五七七‐五七八頁）

文章は少し難しいですが、書かれていることが実感としてよくわかる、という人も多いのではないでしょうか。ここでロールズが述べる自尊心の二つの側面とは、簡単に言えば、自分が目指しているものは価値あるものだという意識と、それを実現するだけの力が自分にはあるという自信、この二つです。そして、それらがなければ人は努力できない、と述べられています。自分の人生や自分の能力を肯定的に捉えることができなければ、それを実現しようと努力することはできなくなってしまうというのです。筆者なりにくだいて言えば、どうせ頑張ったって意味がない、無駄だ、うまくいくわけないんだ、と考えてしまうと、頑張れなくなってしまう、ということです。

そういったことは、現代の日本でもよくあることだと思います。少し例を挙げて考えてみましょう。ある男の子が、可愛いイラストを描くことがとても好きで、もっと上手く描けるようになりたいと日々頑張っていた。しかし両親も学校の先生も、そんな絵を描くなんてはしたない、そんなことに努力しても立派な大人になれない、と否定的で、まったく認めてくれない。クラスメイトからもキモいやつだと馬鹿にされてしまう。そうすると、なんとなく筆が進まず、頑張る気力が萎えてしまう……ここで「好きなことなんだから胸を張って頑張ればいい」「周りの声は気にするな」と言うのは簡単ですが、本人にとってはきつい状況です。これは目的の価値が認められないケースです。

また別のある女の子は、部活動でさわやかに汗を流しているクラスメイトがいる一方、どうしても自分はそんなふうに部活動に夢中になれない。そういうエネルギーが湧いてこない。だってしょうがないよ、どうせ自分なんて価値のない人間だし、そもそも努力したって成功するはずがないんだから……こういった後ろ向きな思いは、ただ「いじけているだけ」「逃げているだけ」と言って済ませることのできない、切実なものでしょう。こちらは自分の能力を信じることができないケースです。

もともと頑張れる人は、頑張ろう、と思える自分の在り方を肯定できています。自分が目指す目標は立派なものだと認められているし、頑張ることで自分はそれを成し遂げられると、素朴に信じることができているわけです。これがロールズの考える自尊心です。そういった自尊心がないと、人は頑張れません。

なぜこのような意味での自尊心が社会正義にとって重要なのかというと、**自尊心を欠いている人は、たとえ自由や権利や機会を与えられていても、それを利用するということができない**からです。二つ目の例の女の子について、この子は別に部活動を禁止されているわけではなく、入部して活動するだけの時間的な余裕も金銭的な余裕もあるとしましょう。しかしそういった自由や権利や機会や富があっても、それらを積極的に利用する、ということができないような状況にあるということは、珍しいことではありません。自尊心の欠如は、まさにそのような状況をつくり出してしまいます。一〇一ページの引用の続きの部分にはこうあります。「したがって、自尊が基本財である理由は明らかだろう。自尊を有していなければ、行なう価値があると思われるものは何もなくなるであろうし、またたとえあることがらが私たちにとって価値あるものであっても、それを得ようと奮闘する意志を私たちは欠いてしまうからである。」（第六七節、五七八頁）

これが、社会的基本財の中で自尊の社会的基礎が最も重要だと、ロールズが考えた理由です。自尊心が十分に満たされなければ、たとえ残りの社会的基本財がいくら豊富にあっても、人はそれを利用して自由に人生を生きることができなくなってしまうのです。

自尊心の分析（二）——自尊心は一人では獲得できない

ロールズは自尊心についてさらに次のように述べています。

私たちの目的に向かう努力が仲間によって正当に評価されないならば、そのような努力には価値があるという確信を私たちが維持することは不可能である、ということは真であり、そして同時に、私たちの行なうことが他の人びとの賞賛を誘い、また彼らに喜びを与える場合にのみ、彼らはそうした努力を価値づける傾向にある、ということもまた真だからである。〔…〕人びとが自分自身を尊重し、そして相互に尊敬し合うための条件は、人びとの共通の計画が合理的であり、かつ補完し合うということを要求しているように思われる。（第六七節、五七九頁）

人が自尊心を持つということ、つまり自分の人生には価値があり、自分には人生の目標を達成する力があると思えることは、他人が認めてくれることに由来する、というのです。

ふたたび部活動の例に戻りましょう。この女の子が自尊心を持てずにいる理由として、次のようなことを想像することができます。たとえば両親が抑圧的で、「お前なんてどうせ頑張ったって無駄だ」と言われて育った。あるいは、中学校のときには部活をしていたのだが、試合でなかなかうまくプレイできず、仲間から「あいつまじ下手くそだよね」と疎まれてしまった。おまけに先生からも愛想をつかされ、スタメンから外されてしまった。

ここで、失敗そのものが自尊心を失う原因ではないことに注意してください。もし仮に失敗していたとしても、友人から「どんまい！　次うまくやろうよ」と励まされたり、両親あるいは先生から「この失敗を糧にして練習に励めば、次は勝てるはずだ」と背中を押されたりする、そういう経験、すなわち他者から認められる経験があれば、自尊心は損なわれません。むしろ、そういう経験の先に本当に成功したとき、自尊心はより確固たるものになるとさえ言えるかもしれません。

人が自尊心を持つということは、周囲の人間と互いに互いを認め合う、ということに由来する、とロールズは考えているわけですが、これは直感的にも納得できるところでしょう。私たちが自分の目的には価値があると思えるとき、あるいは自分の努力はいつか身を結ぶだろうと信じられるとき、そこには必ず、君の目的は立派なものだよと、あるいは君ならばきっとできるよと、私たちのことを信じてくれる誰かがいるはずなのです。

私たちの自尊心は人間関係によって支えられているということは、言い換えれば、人はいくら自尊心を持とうと思っても、一人でそれを獲得することは難しいということです。自尊心をうまく育めていない人は、そもそも「自尊心を持とう」とさえ思えないものです。**自尊心を獲得するために、人は他者の助けを必要とする**のです。

自尊心を守る社会（一）——自尊心のためには共同体が必要である

以上のような自尊心の理解を踏まえて、次に問われるべきは、自尊の社会的基礎を人々にもたらすにはどうすればよいのか、という問題です。人々が十分な自尊心を持てるようになるためには、いったい何が必要であり、社会はどのように設計されるべきなのでしょうか。

この問題に対するロールズの解答は大きく二つあります。ロールズはまず、一人の市民として認められていることが、自尊心を持つためには必要だと論じます。すなわち、「対等な市民」としての地位がすべての人に与えられなければなりません。対等な市民としての地位として、具体的には、選挙権をはじめとするさまざまな基本的権利が念頭におかれています（二原理の第一原理を思い出してください）。たしかに、他の人には市民としての地位が与えられているのに、自分にはそれがないとき、自尊心を持つことはできないでしょう。

そこで秩序だった社会にあっては、〈対等な市民としての暮らし〉という地位を全員に付与することが公共的に確約されることを通じて、自尊が確保される。〔…〕最善の解決策は、基本的な自由を実際に等しくしうるよう割り振ること――これが全員に平等な地位を定めてくれる――によって、できる限り自尊という基本財を支えるところにある。（第八二節、七一五‐七一六頁）

とはいえ、人々が自尊心を得るためにはこれだけでは十分ではありません。市民としての対等な地位に加えてロールズがさらに自尊心の社会的基盤として挙げるのは、人が安心して所属できる共同体です。「各人が所属しておりかつ当人の目的を追求する努力が仲間たちによって確証・肯定されていることが分かるような、利害関心が共有された共同体が少なくともひとつは各人にとって存在せねばならない」（第六七節、五八〇頁）とロールズは述べます。そのような共同体の中で、人々が自分自身の目的や能力について仲間たちから認められることによって、自尊心が支えられる、というわけです。

ロールズの考える「共同体」を、それほどかっちりとしたものとして捉える必要はありません。努力が仲間たちによって認められる機会があれば、部活動やサークル活動のようなものでもよいでしょう。あるいは会社やアルバイト先でもかまいません。仕事において上司や同僚に認められることで自信がつく、というのはよくあることだと思います。また子どもなら、学校や塾の教室でもよいですし、専業主婦（主夫）なら、趣味の集まりや料理教室でもありえます。そしてもちろん家族であってもかまいません。

学校であれ、仕事の場であれ、家庭の中であれ、その価値観と能力を認められること。子どもであれば、「こんなこともできないのか」「どうせうまくいかないから代わりにやっておく」と言われるのではなく「これだけがんばってみよう」「こんなことができるようになってすばらしい」と言われること。大人であれば、「いい歳してこんなこともできないのか」「そんなことに熱中してばかばかしい」と言われるのではなく、「やはり君に頼んでよかったよ」「そんな面白いことがあるんだね」と肯定されること。こういったことは、単に嬉しいというだけでなく、その人の自由を根本的なところで下支えするものだと、ロールズは考えています。そして、そのような関係を持てる空間が一人ひとりにある、ということが、正義にかなった社会にとって非常に大事なことなのです。

自尊心を守る社会（二）——自由は包摂と孤立のあいだにある

ただし、ロールズがここで、すべての人がお互いを認め合うような完成された理想郷を目指しているわけではないことに注意してください。ロールズが述べているのは、自尊心を育むことができるような共同体が誰にとっても何か一つなければいけない、ということであって、すべての人が同じ共同体の中で自尊心を育むべきだとは述べていません。それぞれにそれぞれのコミュニティがあればよいのです。もしある一つのコミュニティにすべての人が包摂されてしまうとすれば、それはある一つの価値観や人生観をすべての人が受け入れることを意味してしまいます。人々の価値観の多様性を真剣に考えるなら、望ましいことではありません（第二章の最後のところの議論を思い出してください）。加えて言えば、ロールズが市民としての対等な地位も重視していたことを忘れるわけにはいきません。コミュニティの中での具体的な人間関係とともに、社会の中の一人の個人としての自立した立場もまた大事だということです。

以上のことから、ロールズは自尊心を考えるにあたって、集団への帰属というものを、必要不可欠としながらも、同時にいくぶんか距離をとって論じていることがわかります。ここで少しばかり筆者なりの読み込みを提示させていただけば、自尊心をめぐるロールズの議論には、次のような二つのベクトルのせめぎ合いを見て取ることができると思います。一つには、人は一人では生きられないのであり、互いに助け合うことが不可欠である、というベクトル、もう一つには、人はそれぞれ異なる人生観を持つのだから、特定の価値観や理想の下に無理にまとめようとしてはならない、というベクトルです。筆者としては、小説家である村上春樹氏の言葉を借りて、前者を「コミットメント」のベクトル、後者を「デタッチメント」のベクトルと呼びたくなりますが（村上春樹・河合隼雄『村上春樹、河合隼雄に会いにいく』新潮文庫、一九九九年）、呼び方は何でもかまいません。

前者のベクトルのみが認められる場合、私たちは助け合わなければならないのだから、もっと思いやりを持って接するべきだ、そして一人ひとりがもっと全体のために貢献するべきだ、という、優しさを押し付けられる窮屈な社会になってしまいます。かといって後者のベクトルだけでは、私たちは一人ひとり違うのだから、誰かが困っていても手を差し伸べる必要なんてない、誰もが勝手に生きていけばよいのだ、という、優しさに乏しい殺伐とした社会になってしまいます。この両者のあいだをロールズは進むのです。

このようなロールズのバランス感覚は、実のところロールズの正義論全体を貫くものなのですが、特に自尊心をめぐる議論の中にそれが明確に表れていると思います。一方でロールズは、自尊心が他者からの承認を必要とするという点に注目して、人々が孤立したままでは自由に生きられないことを指摘します（極端なデタッチメントの否定）。他方で自尊心はあくまで個々人の抱く目標を通じて満たされるべきものであって、人々を何か理想的な社会とか国家とかいったものに押し込めるべきではないと考えます（極端なコミットメントの否定）。ロールズのこのような考え方は、人々の多様性がさまざまな社会問題の中心的な論点となっている現代社会においても、学ぶところの多いものではないでしょうか。

『正義論』の二本の柱（一）――平等主義リベラリズムとしての「正義の二原理」

ロールズの正義の二原理は、教科書的な理解では、しばしば「平等主義リベラリズム」の原理だと位置付けられます。単なるリベラリズムではなく平等主義の要素を持ったリベラリズムだということです。以下ではまとめとして、ロールズの思想が平等主義リベラリズムであるとされる理由を整理したいと思います。

（一）平等主義：すでに論じた通り、ロールズの正義の二原理は、単に基本的な自由について平等に認める第一原理だけでなく、社会的・経済的な不平等の縮減を求める第二原理を含んでいます。それゆえ、ロールズの構想は平等主義的だと言えます。ロールズ自身、正義の二原理が平等主義的なものであるとはっきり述べています。

平等には多数の形態があり、また平等主義にも複数の強調度合いを容れる余地があるのだが、平等主義的な性質を即座に見てとれる正義の構想が複数存在する。それらの構想の間にある種の重大な不一致がたとえ認められようとも、である。私の想定によれば、正義の二原理は〈平等主義〉という括りに含めることができる。（第八一節、七〇五頁）

ただし、ロールズが社会的・経済的な不平等について単に人々の所得や資産の取り分だけを考えていたわけではない、という点に注意してください。すでに論じた自尊心をめぐる議論や、第三章で見た公正な機会均等の原理をめぐる議論は、ロールズの考える正義が経済的な面での格差是正を求めるだけの単純なものではないことを示しています。

（二）リベラリズム：ロールズの正義の二原理が社会の基礎構造に対して求めるのは、基本的な諸自由を平等に認めること、また社会的・経済的に不当な不平等がないようにすることです。これらの要請の中には、人々の具体的な生き方に関わるものは何もありません。言い換えれば、正義の二原理が満たされた社会においては、人々は認められた諸々の自由を用いて、どのように生きてもかまわないということになります。もちろん、他者の自由を侵害するような生き方は認められません。しかし自由をめぐる基本的なルールさえ守っていれば、各人は自分が価値あると思う生き方を（すなわち「自分らしい」生き方を）選ぶことが認められています。この点についてロールズは次のように述べます。

この正義の構想は、異なる善の構想の相対的な利点を評価しようともしない。その代わりに、社会の構成員は合理的な諸個人であり、各自の善の構想をおのおのがおかれた状況に適合させる能力を持つということが想定されている。異なる個人の善の構想がひとたび正義の諸原理と両立可能だと推定されれば、善の構想の真価を比較する必要はなくなる。自らが好む人生計画が正義の要求事項を侵害しない限り、どんな人生計画であれ、それを追求しうる平等な自由が万人に保証されている。（第一五節、一二七頁）

非常に難しい言い方がなされている文章ですが、とても大事なポイントなので丁寧に解説していきます。「善の構想」とは、どのように生きることに価値があるのかをめぐる個々人の構想、いわば人生観のことです。人々はそれぞれに、自分が価値あると思う生き方を選び、それを追求することができる、とロールズは考えるわけです。そして、それらの人生観のあいだに優劣をつける必要はないとロールズは述べます。

このように、正義のルールを守っている限り自由に生きることが認められるということを、ロールズは「善に対する正義の優先権」と呼びます（第六節、四五頁）。右に見たように、ここで「善」とは人生観を指しており、またロールズの「正義」とは平等に自由を認める構想のことですから、「善に対する正義の優先」と言えば、「価値観に対する平等な自由の優先」ということになります。すなわち、平等な自由を否定して特定の価値観を押し付けてはならないということであり、逆から言えば、平等な自由を否定しない限り価値観については各人の自由である、ということです。このように、ロールズの正義の構想は、人々がそれぞれの価値観に従って自由に生きることを肯定するものです。

以上二つの特徴を重ね合わせることで、ロールズの構想は「平等主義リベラリズム」の思想として位置付けられることになります。これは現代社会においても、多くの人が魅力を感じる、一つの政治哲学上の立場となっています。そしてまたこの立場には、不利な立場にある人々の生活を社会全体で支えていこうというコミットメントのベクトルと、生き方には介入せず個々人の価値観を尊重しようというデタッチメントのベクトルが、どちらかに偏ることのないバランスで、組み合わせられているのだと言えるでしょう。

『正義論』の二本の柱（二）——多様性の中で正義を導く「公正としての正義」

ただしここで、ロールズの正義の二原理が「平等主義リベラリズム」であるという整理は、彼の「公正としての正義」という構想のうち半分しか説明していないことに、改めて注意する必要があります。

第三章の冒頭の議論を思い出してください。そこでは、ロールズの「公正としての正義」は二つのパートから成り立っていると述べました。改めて確認すれば、一つは「公正なスタート地点における合意」とはどんなものかを明らかにすること、もう一つはそこから導かれる「正義の原理」はどんなものかを明らかにすることです。ロールズの導いた正義原理が平等主義リベラリズムであるという理解は、この二つのパートのうちあくまで後者に関するものです。

前者に関するロールズの主張、すなわち「平等主義リベラリズム」が正義にかなった社会のルールとして導かれる、その論理についてのロールズの説明があってこそ「公正としての正義」は完結します。そしてその論理はどんなものかと言えば、唯一絶対の正義がない以上、私たちは公正な状況における合意によって正義を組み立てなければならない、というものです。確定した正義が存在しない中で、相互協力から得られた利益と負担を適切に分配するという「正義」を実現するための手続きとしては、それが最もふさわしいものだということを、ロールズは示しました。

実際のところ、平等主義リベラリズムにすべての人が賛同してくれるということは、現実にはありえないでしょう。平等主義リベラリズムに近い政策的立場の政党が、必ずしも多くの人の支持を得ているわけではないのも事実です。そのことをロールズは織り込み済みです。むしろ、そのような意見の対立を真剣に考えているからこそ、自分がどのような立場におかれているのかがわからないという状況においてみんなが合意する正義の原理は何か、を考えたのであり、正義の二原理はその結果として導かれたものです。

したがって、正義の二原理に対して反対する人も、それは自分の信条に合わない、とだけ述べて退けることはできません。なぜ正義の二原理ではダメなのか、公正な観点から納得できるような理由を示さなければなりません。そして提示される代替的な正義の構想は、単なる好みの表明ではなく、**正義の構想としてロールズ以上に説得的なもの**でなければなりません。すなわち、一部の人々が他人を犠牲にするようなものにはなっていないことを、理にかなった形で示すことが求められます。そのような論理を伴ってなされるロールズへの反論は、自分の都合を優先しようとするような批判とは異なり、社会正義の探究をよりいっそう洗練させるものと位置付けられるでしょう。

結論――正義を共有していくために

このことは、ロールズの『正義論』が**社会正義をめぐる議論の土台をつくった**のだということを意味しています。ロールズが基本的な議論のベースを整えたことによって、賛成するにせよ反対するにせよ、私たちは正義について、単に主義信条の違いから文句を言うのではなく、対等かつ論理的に語ることができるようになったのです。この点にロールズの非常に大きな貢献があると言ってよいと思います。

「正義」というものが、利益と負担の割り当てが一方的になされることを拒否し、その割り当てが道徳的に適切な形でなされることを求めるものである以上、個人の好みでそれを決めることがふさわしくないのは明らかです。しかし、正義に単一の答えがあるわけでもありません。であれば、いったいどうやって正義について語ればいいのでしょうか？　この問いに対して立ちすくむ必要はありません。私たちはロールズのおかげで、正義について個人的見解のぶつかり合いを超えたところで語るための土台を、すでに手にしているからです。

ここまで見てきたロールズの思想に、綻びが見えたと思う人もいるかもしれません。このところはおかしいのではないか、この部分は別なふうに考えたほうがふさわしいのではないか、というようにいろいろ論じたくなった人もいるでしょう。そういった反論も、論理的に組み立てられることで、私たちが対立を超えて前に進むための力となります。そして実際に、ロールズに対するさまざまな批判を通じて、現代の政治哲学はおおいに発展してきました。

この意味でロールズは、多様性の中で共通の土台となる正義を理論化しただけでなく、その理論化における精緻《せいち》さと明瞭さを通じて、政治哲学という営みの共通の土台ともなったのです。ますます対立が深まる現代社会において、彼の思想に立ち返ることには大きな意義があるということ、そのことを本書を通じて伝えられていたなら、とても嬉しく思います。

読書案内

（一）ロールズ自身の手による著作は全部で三冊あり、すべて翻訳が出版されています。

川本隆史・福間聡・神島裕子（訳）『正義論　改訂版』（紀伊國屋書店、二〇一〇年）

本書で解説してきたロールズの主著です。一九七一年に初版が、一九九九年に改訂版が出版されました（日本語版は改訂版の翻訳です）。この本は三部構成であり、ごく簡単に整理すれば、第一部で、正義について多様な考え方がある中で説得力を持ちうる「公正としての正義」の構想を提示し、第二部で、公正としての正義に基づく社会制度が具体的にどのようなものになるのかを論じ、第三部で、公正としての正義から導かれる社会のあり方に、多様な考えを持つ人々が反発せず、それゆえ社会が安定する根拠を明らかにする、という形になっています。本書で扱ったのは第一部の核心部および第三部のいくつかのポイントです。

神島裕子・福間聡（訳）／川本隆史（解説）『政治的リベラリズム　増補版』（筑摩書房、二〇二二年）

ロールズの二冊目の著作であり、『正義論』に向けられた批判に答えながらその理論を洗練させていくものです。一九九三年に初版が、一九九六年に新しい章と序論を加えたペーパーバック版が出版され、さらにロールズ没後の二〇〇五年にはロールズの遺志をもとに原稿が追加された「増補版」が出版されました（日本語版はこのうち三つ目の翻訳です)。あくまで『正義論』を前提として議論が組み立てられているため、ロールズの議論の詳細や理論的発展について知りたい上級者向けのものと言ってよいでしょう。

中山竜一(訳)『万民の法』(岩波書店、二〇〇六年/岩波現代文庫、二〇二二年)

第一章でも簡単に紹介したように、一つの社会を対象として構想された『正義論』の枠組みを国際社会へと応用したロールズの三冊目の著作で、一九九九年に出版されました。先の二冊に比べれば分量は控えめですが、読みごたえはひけを取りません。

(二) ロールズには講義原稿に基づく著書がいくつかあり、翻訳も出版されています。

エレン・ケリー(編)、田中成明・亀本洋・平井亮輔(訳)『公正としての正義 再説』(岩波書店、二〇〇四年/岩波現代文庫、二〇二〇年)

ロールズが自身の正義論についてハーヴァード大学で行った講義の原稿を、出版のために整えたものです。ロールズ晩年の二〇〇一年に出版されました。講義が元になっていながらやはり難解ですが、長年の研究の集大成として論点はかなり整理されており、『正義論』と『政治的リベラリズム』の二冊の要点が丁寧にまとめられています。ロールズの本を何か一冊読んでみたい、という人にはこれが最も適切だと思います。

バーバラ・ハーマン（編）、坂部恵（監訳）、久保田顕二・下野正俊・山根雄一郎（訳）『ロールズ哲学史講義』（全二巻、みすず書房、二〇〇五年）／サミュエル・フリーマン（編）、齋藤純一・佐藤正志・山岡龍一・谷澤正嗣・髙山裕二・小田川大典（訳）『ロールズ政治哲学史講義』（全二巻、岩波書店、二〇一一年／岩波現代文庫、二〇二〇年）

それぞれ、ロールズが哲学史（原題を正確に訳せば「道徳哲学史」）および政治哲学史についてハーヴァード大学で行った講義の原稿を、出版のために整えたものです。前者はロールズ晩年の二〇〇〇年に、後者はロールズ没後の二〇〇七年に出版されました。取り上げられている思想家のどこにロールズが注目したのか、という観点から読むととても興味深いです。

（三）ロールズについてさらに勉強していく上で有益な日本語の本として、次のものをおすすめします。

齋藤純一・田中将人（著）『ジョン・ロールズ：社会正義の探究者』（中公新書、二〇二一年）

日本のロールズ研究の第一線に立つ二名の研究者の手による解説書です。ロールズの大学院時代の研究から晩年の執筆活動まで、学術的に高い水準でまとめられており、本書よりもワンランク上の入門書として、とてもおすすめです。なお、本書におけるロールズの伝記的事実はこの本を参照して執筆しました。

福間聡（著）『「格差の時代」の労働論：ジョン・ロールズ『正義論』を読み直す』（現代書館、二

〇一四年）

ロールズの著作の翻訳にも携わった専門家による入門書です。ロールズの議論が現実の政策について、とりわけさまざまな格差への対策について考える上でどう役立つのかに焦点が当てられています。ロールズの理論の実践の可能性に関心がある方に特におすすめです。

重田園江（著）『社会契約論：ホッブズ、ヒューム、ルソー、ロールズ』（ちくま新書、二〇一三年）

本書ではロールズの議論が社会契約論の再構成であるという点についてあまり踏み込むことができませんでしたが、実はロールズを理解する上では重要なポイントです。この本は社会契約論についてのコンパクトな解説書で、最終章がロールズに当てられています。ロールズが社会契約論というアプローチを取ったことの意味について、丁寧に説明してくれる一冊です。

野口雅弘・山本圭・高山裕二（編著）『よくわかる政治思想』（ミネルヴァ書房、二〇二一年）

ロールズを含む「政治哲学」領域の理論や問題関心は、高校までの授業では軽くしか触れられることがないため、独学するには少し難しいところがあります。そこで役立つのがこの本です。政治哲学を勉強する上で重要度の高いもろもろの人物や概念について、それぞれ見開き二ページで解説している用語集であり、手元においておくと大変便利です。もちろん「ロールズ」の項目もあります。

あとがき

本書の執筆に着手したのは二〇二三年の一月のことだった。自らのロールズ理解を改めて一から確認するつもりで、『正義論』をはじめから読み直し、その論理と要点を文章化していった。さらに、旧知の仲である富山大学の児島博紀さんに声をかけ、出来上がった原稿を検討するオンラインでの勉強会を継続的に行った。学期中にもかかわらず議論に付き合ってくださった児島さんには本当に感謝している。数回にわたる検討は、実に楽しくそして有意義な時間であった。むろん、本書が示すロールズ解釈のすべてに児島さんが同意しているわけではないことを申し添えておく。

その後、当該の原稿は出版に値するだろうという感覚を抱き（また児島さんの勧めもあって）、講談社学芸第一出版部に企画を持ち込んだ。小林雅宏さんと佐塚琴音さん、二人の最良の並走者を得て出版にいたることができたことを、とても嬉しく思っている。加えて、校閲の担当者にも大変お世話になった。

本研究は、一般財団法人櫻田會から得た第四一回政治研究助成（研究課題「ジョン・ロールズの正義論の再検討：この分断社会において対立する政治的信念を調停する原理として」）の研究成果の一部である。寛大な助成に対し、この場を借りて感謝申し上げたい。

また、担当する学部ゼミの三年生であった池田百音さんと早川航洋くんは、本書の草稿を読み、いくつもの有益なコメントをくれた。両名の助力に心よりお礼申し上げたい。

私が初めてロールズの『正義論』に出会ったのは、東北大学における学部ゼミでのことであった。私をロールズに引き合わせ、その魅力について手解きをしてくださったことについて、師である守健二先生にこの場を借りて改めて心からの感謝を述べたい。

私はいまや自らも大学で講義を持つ立場となったが、授業をする際に常に考えていることが二つある。それは、守先生のゼミにいたころの自分にも理解できるレベルの話をしているか、そして、あのころの自分が感じていたような、学問することへの憧れと、そしてわくわくする気持ちを、学生たちに与えられているかということである。同じことを考えながら本書を執筆した。守先生の下で学び始めたころの自分には、きっとこういう本が力になっただろうと思う。この本ならば、あのころの自分でも理解できるし、あのころの自分の背中を押すだろう。

むろん、本書は最終的には、大学生に限らずロールズに関心のある多くの人々に手に取ってもらうことを想定したものとして仕上げられている。しかしそれでも実のところ、本書は過去の自分を第一の読者として書かれた、もはや遠く手の届かない青春時代への一つの追慕でもある。

講談社現代新書　2743

今《いま》を生《い》きる思想《しそう》
ジョン・ロールズ　誰《だれ》もが「生《い》きづらくない社会《しゃかい》」へ

二〇二四年四月二〇日第一刷発行

著者　玉手慎太郎《たまてしんたろう》

発行者　森田浩章
発行所　株式会社講談社
東京都文京区音羽二丁目一二—二一　郵便番号一一二—八〇〇一
電話　〇三—五三九五—三五二一　編集（現代新書）
〇三—五三九五—四四一五　販売
〇三—五三九五—三六一五　業務
装幀者　中島英樹／中島デザイン
印刷所　株式会社新藤慶昌堂
製本所　株式会社国宝社
定価はカバーに表示してあります　Printed in Japan

N.D.C. 311.1　124p　18cm
ISBN978-4-06-535462-9

「講談社現代新書」の刊行にあたって

教養は万人が身をもって養い創造すべきものであって、一部の専門家の占有物として、ただ一方的に人々の手もとに配布され伝達されうるものではありません。

しかし、不幸にしてわが国の現状では、教養の重要な養いとなるべき書物は、ほとんど講壇からの天下りや単なる解説に終始し、知識技術を真剣に希求する青少年・学生・一般民衆の根本的な疑問や興味は、けっして十分に答えられ、解きほぐされ、手引きされることがありません。万人の内奥から発した真正の教養への芽ばえが、こうして放置され、むなしく滅びさる運命にゆだねられているのです。

このことは、中・高校だけで教育をおわる人々の成長をはばんでいるだけでなく、大学に進んだり、インテリと目されたりする人々の精神力の健康さえもむしばみ、わが国の文化の実質をまことに脆弱なものにしています。単なる博識以上の根強い思索力・判断力、および確かな技術にささえられた教養を必要とする日本の将来にとって、これは真剣に憂慮されなければならない事態であるといわなければなりません。

わたしたちの「講談社現代新書」は、この事態の克服を意図して計画されたものです。これによってわたしたちは、講壇からの天下りでもなく、単なる解説書でもない、もっぱら万人の魂に生ずる初発的かつ根本的な問題をとらえ、掘り起こし、手引きし、しかも最新の知識への展望を万人に確立させる書物を、新しく世の中に送り出したいと念願しています。

わたしたちは、創業以来民衆を対象とする啓蒙の仕事に専心してきた講談社にとって、これこそもっともふさわしい課題であり、伝統ある出版社としての義務でもあると考えているのです。

一九六四年四月　野間省一

哲学・思想Ⅰ

66 哲学のすすめ――岩崎武雄
159 弁証法はどういう科学か 三浦つとむ
501 ニーチェとの対話――西尾幹二
871 言葉と無意識――丸山圭三郎
898 はじめての構造主義 橋爪大三郎
916 哲学入門一歩前――廣松渉
921 現代思想を読む事典 今村仁司 編
977 哲学の歴史――新田義弘
989 ミシェル・フーコー 内田隆三
1001 今こそマルクスを読み返す 廣松渉
1286 哲学の謎――野矢茂樹
1293 「時間」を哲学する――中島義道
1315 じぶん・この不思議な存在――鷲田清一
1357 新しいヘーゲル――長谷川宏
1383 カントの人間学――中島義道
1401 これがニーチェだ――永井均
1420 無限論の教室――野矢茂樹
1466 ゲーデルの哲学――高橋昌一郎
1575 動物化するポストモダン 東浩紀
1582 ロボットの心――柴田正良
1600 ハイデガー=存在神秘の哲学――古東哲明
1635 これが現象学だ――谷徹
1638 時間は実在するか 入不二基義
1675 ウィトゲンシュタインはこう考えた 鬼界彰夫
1783 スピノザの世界――上野修
1839 読む哲学事典――田島正樹
1948 理性の限界――高橋昌一郎
1957 リアルのゆくえ――大塚英志 東浩紀
1996 今こそアーレントを読み直す――仲正昌樹
2004 はじめての言語ゲーム――橋爪大三郎
2048 知性の限界――高橋昌一郎
2050 超解読！ はじめてのヘーゲル『精神現象学』 竹田青嗣 西研
2084 はじめての政治哲学 小川仁志
2099 超解読！ はじめてのカント『純粋理性批判』 竹田青嗣
2153 感性の限界――高橋昌一郎
2169 超解読！ はじめてのフッサール『現象学の理念』――竹田青嗣
2185 死別の悲しみに向き合う――坂口幸弘
2279 マックス・ウェーバーを読む――仲正昌樹

政治・社会